ALAN DERSHOWITZ

cultura do cancelamento

A LIBERDADE SOB ATAQUE

ALAN DERSHOWITZ

cultura do cancelamento

A LIBERDADE SOB ATAQUE

Tradução:
Fernando Silva

São Paulo | 2021

Título original: *Cancel Culture: The Latest Attack on Free Speech and Due Process*

Copyright © 2020 – Alan Dershowitz

Os direitos desta edição pertencem à LVM Editora, sediada na
Rua Leopoldo Couto de Magalhães Júnior, 1098, Cj. 46
04.542-001 • São Paulo, SP, Brasil
Telefax: 55 (11) 3704-3782
contato@lvmeditora.com.br

Gerente Editorial | Giovanna Zago
Editor | Pedro Henrique Alves
Tradutor(a) | Fernando Silva
Revisão de tradução | Renan Meirelles
Revisão ortográfica e gramatical | Laryssa Fazolo
Projeto gráfico | Mariangela Ghizellini
Diagramação | Rogério Salgado / Spress
Impressão | Lis Gráfica

Impresso no Brasil, 2021

Dados Internacionais de Catalogação na Publicação (CIP)
Angélica Ilacqua CRB-8/7057

D481c	Dershowitz, Alan
	Cultura do cancelamento: a liberdade sob ataque / Alan Dershowitz; tradução de Fernando Silva. - São Paulo : LVM Editora, 2021.
	200 p.
	ISBN 978-65-86029-64-2
	Título original: Cancel culture
	1. Liberdade de expressão 2. Ciências sociais I. Título II. Silva, Fernando
21-5691	CDD 303.38

Índices para catálogo sistemático:
1. Liberdade de expressão

Reservados todos os direitos desta obra.
Proibida a reprodução integral desta edição por qualquer meio ou forma, seja eletrônica ou mecânica, fotocópia, gravação ou qualquer outro meio sem a permissão expressa do editor. A reprodução parcial é permitida, desde que citada a fonte.
Esta editora se empenhou em contatar os responsáveis pelos direitos autorais de todas as imagens e de outros materiais utilizados neste livro. Se porventura for constatada a omissão involuntária na identificação de algum deles, dispomo-nos a efetuar, futuramente, as devidas correções.

Este livro é dedicado aos alunos que estão se levantando, muitas vezes com risco pessoal, contra a cultura do cancelamento, o politicamente correto, a política identitária e outros ataques à liberdade de expressão, ao devido processo legal, à meritocracia e aos valores democráticos.

Sumário

Introdução 13

    A. *Os ancestrais ilegítimos da cultura do cancelamento* 18
    B. *O impacto da cultura do cancelamento na liberdade de expressão e no devido processo legal* 22
    C. *Contexto e criatividade da cultura do cancelamento* 26
    D. *Cancelamento na política* 29
    E. *O impacto da cultura do cancelamento nos negócios e na economia* 30
    F. *Cultura do cancelamento e a mídia* 31
    G. *O poder difundido da cultura do cancelamento* 32
    H. *Pode a Cultura do Cancelamento ser Aplicada Igualmente?* 39
    I. *Seria a própria cultura do cancelamento uma forma de expressão protegida pela Primeira Emenda?* 41

Capítulo 1:
Cancelando a liberdade de expressão para você, mas não para mim!.   45

Capítulo 2:
Cancelando o devido processo legal e transformando
a "justiça" criminal em arma. 57

Capítulo 3:
Tribunal da cultura do cancelamento 67

Capítulo 4:
O efeito da cultura do cancelamento reescrevendo
a história e a realidade.   79

Capítulo 5:
Cancelando a meritocracia   89

Capítulo 6:
Cultura do cancelamento cancela Israel   97

Capítulo 7:
Cancelando o antissemitismo na plataforma do *Black Lives Matter*. . . .   107

Capítulo 8:
Cancelando a Bíblia, que ordena a justiça pessoal, mas
não o padrão duplo da "justiça identitária".   119

Capítulo 9:
Cancelando evidências, ciência, e a Constituição:
argumentos contra vacinas   125

Capítulo 10:
Cancelando eleições   141

Capítulo 11:
Poderia um Presidente cancelar o devido processo legal ao declarar lei marcial?   147

Capítulo 12:
O que significa ser falsamente cancelado   152

Conclusão.   161

Apêndice I:
Lista parcial de indivíduos que foram cancelados ou tiveram
discursos e aparições canceladas   167

Apêndice II:
Uma carta aberta sobre justiça e debate,
da Harper's Magazine, 7 de julho de 2020   189

Apêndice III:
O que foi cancelado: breve resumo de minha vida e conquistas   193

Agradecimentos   197

cultura do cancelamento

A LIBERDADE SOB ATAQUE

introdução

Introdução

A cultura do cancelamento é o novo macarthismo da geração "desperta". Assim como o macarthismo antigo, ele acaba com carreiras, destrói legados, separa famílias e até mesmo causa suicídios. Não tem nenhuma semelhança com o devido processo legal nem oferece a oportunidade de refutar as acusações, muitas vezes falsas ou exageradas. Tal como acontece com o macarthismo, mesmo quando as acusações são verdadeiras - total ou parcialmente - geralmente são sobre atos praticados, declarações feitas ou posições tomadas muitos anos antes quando prevaleciam diferentes valores e atitudes. Como acontece com o macarthismo, o impacto vai além do indivíduo cancelado. Afeta outros membros da sociedade, desde plateias negadas ao direito de ouvir artistas cancelados a alunos negados ao direito de aprender com professores cancelados, a cidadãos negados ao direito de votar em políticos cancelados.

Lembro-me do macarthismo original e do impacto devastador que teve na minha geração de jovens. Fomos avisados por nossos pais para nunca nos manifestarmos, assinarmos petições, aderirmos a organizações ou assistirmos a shows de alguma forma associados a esquerdistas, "rosas"[1] ou *fellow travelers*[2], por

---

[1] Termo pejorativo usado durante o machartismo. Por rosa ser considerado um tom mais "diluído" ou "desbotado" de vermelho, o termo "pink" ou sua tradução, "rosa", era usado para descrever de maneira pejorativa os apoiadores de ideias à esquerda. (N. E.)

[2] Muito comum no início do século XX, os *fellow travelers* designavam aquelas pessoas que concordavam ideologicamente com um conglomerado político e ativamente lutavam por suas causas sem, no entanto, estarem formalmente no partido oficial. Isso ocorreu com muita frequência

medo de sermos rotulados de "subversivos" e termos nossas perspectivas futuras canceladas. Meus pais, especialmente minha mãe, ficavam apavorados com "listas" e "registros". Afinal de contas, era o tempo das "listas negras", "canais vermelhos" e outras compilações coloridas que impediam qualquer um pertencente a elas de conseguir um emprego. "Eles vão colocá-lo em uma lista", alertava minha mãe. Ou "Isso ficará em seu registro permanente". Quando tinha quatorze anos, realmente fiz algo que pode ter me colocado em uma lista.

Foi durante o auge do período McCarthy, pouco depois de Julius e Ethel Rosenberg terem sido condenados à morte por supostamente espionarem para a União Soviética. Um parente de Rosenberg estava pedindo para as pessoas assinarem uma petição para salvar a vida do casal. Li a petição e ela fez sentido para mim. Então, assinei. Um vizinho observou a transação e relatou devidamente à minha mãe. Ela estava convencida de que minha vida havia acabado, minha carreira estava arruinada e minha disposição em assinar uma petição, de inspiração comunista, faria parte de meu registro permanente. Eu precisava aprender uma lição, decidiu minha mãe. Ela contou a história ao meu pai. Percebi que ele estava orgulhoso de meu ato, mas minha mãe lhe disse para me dar um tapa. Sempre obediente, ele o fez, causando a ele, imagino, mais dor do que a mim.

Durante o auge do macarthismo, não podíamos ver filmes, ir a shows ou assistir a programas de TV feitos, ou representados por, artistas na lista negra[3], porque não havia nenhum. Não podíamos ser ensinados por professores na lista negra, porque eles haviam sido demitidos. Não podíamos ser pacientes, clientes ou eleitores de médicos, advogados ou políticos na lista negra, porque lhes foi negada a capacidade de exercerem suas profissões.

Ainda mais fundamentalmente, o velho macarthismo ameaçou nossos direitos constitucionais de liberdade de expressão e devido processo legal. Eles são os principais protetores da liberdade e barreiras contra a tirania. O novo macarthismo - a cultura do cancelamento - também ameaça esses direitos.

---

nos EUA e boa parte da Europa, quando simpatizantes da revolução bolchevique apoiavam à causa revolucionária sem adentrarem formalmente em suas fileiras. (N. E.)

[3] Alguns artistas da lista negra se utilizavam de subterfúgios para trabalhar. Assista *Testa-de-Ferro por Acaso* (*The Front*) para uma versão fictícia desse fenômeno.

INTRODUÇÃO

Um dicionário selecionou recentemente "cultura do cancelamento" como "a palavra do ano", porque "ela se tornou, para o bem ou para o mal, uma força poderosa"[4]. Merriam-Webster, o dicionário mais famoso dos Estados Unidos, postou uma longa descrição em sua seção "Palavras que estamos observando". São "palavras que vemos cada vez mais em uso, mas que ainda não atendem aos nossos critérios de entrada". De acordo com Merriam-Webster, "Cancelar está obtendo um novo uso". Em usos anteriores, cancelamento referia-se a objetos, tais como um evento ou uma assinatura. Agora,

> cancelar e cultura do cancelamento têm a ver com a remoção do apoio a figuras públicas, em resposta a comportamento ou opiniões questionáveis. Isso pode incluir boicotes, ou recusa em promover seu trabalho. No uso mais recente da palavra, você pode cancelar pessoas - em particular, celebridades, políticos, ou qualquer pessoa que ocupe espaço na consciência pública. Cancelar alguém (geralmente uma celebridade, ou outra figura conhecida) significa parar de dar apoio a essa pessoa. O ato de cancelar pode implicar no boicote aos filmes de um ator, ou deixar de ler, ou promover, as palavras de um escritor. O motivo do cancelamento pode variar, mas geralmente é devido ao fato de a pessoa em questão ter expressado uma opinião questionável, ou ter se comportado de forma inaceitável, de modo que continuar a patrocinar o trabalho dessa pessoa deixa um sabor amargo.

Então, o Merriam-Webster explica a origem do termo:

> A ideia de cancelamento - e, como alguns rotularam, cultura do cancelamento - se consolidou nos últimos anos, devido a conversas estimuladas pelo #MeToo e outros movimentos, que exigem maior responsabilidade de figuras públicas. O termo foi creditado a usuários negros do Twitter, onde foi usado como uma *hashtag*. Conforme informações preocupantes vieram à luz, sobre celebridades um dia populares, como Bill Cosby, Michael Jackson, Roseanne Barr e Louis C.K., vieram chamados ao cancelamento de tais figuras. O cancelamento é

---

[4] PALAVRA do Ano de 2019 do The Committee's Choice & People Choice. Australian Macquarie Dictionary, [S. l.], p. 1-5, 9 dez. 2019. Disponível em: https://www.macquariedictionary.com/au/resources/view/word/of/the/year. Acesso em: 22 nov. 2021.

semelhante a um contrato cancelado, um rompimento do relacionamento, que antes ligava um artista a seus fãs[5].

Alguns ainda argumentam, face a evidências contundentes em contrário, que todo o fenômeno da cultura de cancelamento é um exagero, inventado pela direita para desacreditar a esquerda[6]. Deixo para os leitores, após revisarem as evidências neste livro, decidirem por si próprios.

A. Os ancestrais ilegítimos da cultura do cancelamento

A cultura do cancelamento, embora filha da atual geração "desperta", é um descendente ilegítimo do macarthismo de extrema direita e do stalinismo de extrema esquerda.

Claro, a diferença é que tanto o macarthismo quanto o stalinismo empregavam o poder do governo, enquanto a cultura do cancelamento emprega o poder da opinião pública, da mídia social, de ameaças de boicotes econômicos e de outras formas de ação privada, protegidas pela constituição. Esse poder é ampliado pela difusão e velocidade da *internet* e das mídias sociais, armas escolhidas pela cultura do cancelamento. Winston Churchill, supostamente, brincou: "Uma mentira viaja ao redor do mundo, enquanto a verdade está calçando os sapatos". Isso foi antes da *internet*. Hoje, a verdade não consegue nem encontrar seus sapatos.

A arma mais potente do macarthismo não foi a intimação nem o poder do Congresso - embora fossem de fato armas poderosas de opressão. Seu impacto mais poderoso e abrangente foi sobre indivíduos, empresas, instituições educacionais e a mídia da época. Quando uma pessoa era rotulada de comunista, companheiro de viagem, vermelho, rosa, ou qualquer outro termo associado

---

[5] WHAT It Means to Get 'Canceled'. Merriam-Webster, [S. l.], p. 2-3, 201?. Disponível em: https://www.merriam-webster.com/words-at-play/cancel-culture-words-were-watching. Acesso em: 22 nov. 2021.
[6] Ver: NWANEVU, Osita. The "Cancel Culture" Con. New Republic, [S. l.], p. 1-17, 23 set. 2019. Disponível em: https://newrepublic.com/article/155141/cancel-culture-con-dave-chappelle-shane-gillis. Acesso em: 22 nov. 2021.

ao comunismo, ela era cancelada. Ele, ou ela, não podia mais participar da vida pública na América: havia sido cancelado.

Há uma história, talvez apócrifa, que representa a difusão e a promiscuidade dessa culpa por associação. O City College, em Manhattan, era um viveiro de radicalismo e ativismo político. Um dia, houve uma manifestação comunista e a polícia entrou para dispersá-la. Um policial atingiu um manifestante na cabeça. O manifestante gritou: "Não me bata. Eu sou anticomunista". O policial disse: "Não me importa que tipo de comunista você seja", e continuou a espancá-lo. Qualquer associação com a palavra comunista bastava para cancelar, apagar, destruir, difamar e marginalizar a pessoa associada a esse termo.

O mesmo é verdade na cultura de cancelamento de hoje. Uma mera acusação de racismo, sexismo, homofobia, preconceito contra muçulmanos, falha em apoiar o *Black Lives Matter*, ou o movimento #MeToo, é suficiente para fazer uma pessoa inocente ser cancelada. Especialmente se ela não estiver dentro dos novos grupos privilegiados de "política identitária", da geração "desperta".

Parte da munição para a cultura de cancelamento é fornecida pelo movimento #MeToo. Ele faz muito bem em expor predadores reais. Muitas vezes, porém, não consegue distinguir o culpado do inocente, ou calibrar os graus de culpa, porque não fornece nenhum processo para refutar acusações falsas, ou exageradas.

Na grande maioria dos cancelamentos, a acusação é uma questão de grau, e a pergunta é se o cancelamento é proporcional aos pecados cometidos. A pessoa cancelada é acusada de mau comportamento sexual e admite ter tido relacionamento com seu acusador, mas de forma consensual. Ou admite ter ultrapassado os limites, mas argumenta que, em uma escala de dez, foi um três, ao invés de um oito. Em alguns casos, a pessoa cancelada admite tudo, mas argumenta que se deve levar em consideração o bem feito anteriormente, sendo o cancelamento total um remédio muito severo.

Em alguns casos - sendo a falsa acusação contra mim o principal exemplo -, não há questões de grau. A suposta ofensa ocorreu ou não ocorreu. Alguém merece ser cancelado, mas a questão é: deveria ser o acusado ou o acusador?

No meu caso, não há área cinza. Minha acusadora jurou ter feito sexo comigo, em seis ou sete ocasiões, em locais onde meus registros de viagem provam que eu não poderia ter estado. Em uma conversa gravada, seu próprio advogado admitiu, após ter revisado meus registros de viagem, estar convencido de que seria impossível para mim estar nesses locais, durante o período de tempo relevante. Segundo ele, ela estava "errada... simplesmente errada" em me acusar. Respondi, sob juramento, sujeito a perjúrio, que nunca conheci minha acusadora, nunca tive relações sexuais com uma menor, nunca tive relações sexuais com ninguém relacionado a Jeffrey Epstein, e tive contato sexual apenas com uma mulher durante o período de tempo relevante: minha esposa há trinta e quatro anos. Apesar dessa evidência esmagadora de minha total inocência, fui cancelado por alguns locais e meios de comunicação, porque, uma vez acusado, não há presunção de inocência. Pior ainda, existe uma presunção de culpa irrefutável, a qual não pode ser contestada por mera evidência factual, por mais convincente e conclusiva que possa ser. A acusação é a condenação. Daí o título do meu livro recente: *Guilt by Accusation: The Challenge of Proving Innocence in the Age of #MeToo* [Culpa por Acusação: O Desafio de Provar Inocência na Era de #MeToo]. No admirável mundo novo da cultura do cancelamento, não há espaço para o devido processo legal, ou qualquer processo.

    Em alguns aspectos, a cultura do cancelamento é ainda mais perigosa do que o macarthismo e o stalinismo, pois, quando o governo cancela, a vítima ao menos sabe quem a está cancelando. Na América, pode haver recurso aos tribunais e, de fato, alguns deles fizeram justiça às falsas vítimas do macarthismo. Entretanto, na cultura de cancelamento atual, os canceladores são, frequentemente, invisíveis, anônimos, não responsabilizáveis. A mídia social é juiz e júri. As acusações na *internet* ganham vida própria, através do Twitter, Facebook e outras plataformas amplamente não regulamentadas, nas quais os falsos acusadores têm a liberdade de difamar, destruir e cancelar. Ninguém conhece sua agenda, seus vieses, sua corruptibilidade. A cultura do cancelamento é kafkiana, no sentido de que Joseph K não tinha ideia de quem era seu algoz, por que estava sendo atormentado ou o que havia feito para justificar seu destino incerto.

    O stalinismo era, é claro, diferente, pois o poder do Estado era ilimitado e universal. Stalin tinha o poder não só de cancelar mas de matar.

    Em 1974, viajei para a União Soviética para representar dissidentes políticos e *refuseniks*[7]. Enquanto estava lá, encontrei a cultura de cancelamento, ao estilo soviético, com meus próprios olhos. Viajei com o ex-general e professor Telford Taylor, que havia sido o promotor-chefe dos EUA, nos julgamentos de

---

[7] Judeus soviéticos impedidos de imigrar, especialmente a Israel.

Nuremberg. Fomos a um museu sobre esses julgamentos inovadores, porque o professor Taylor queria ver como eles seriam retratados, quase trinta anos depois. Ele ficou chocado ao ver fotos onde vários dos participantes soviéticos haviam, simplesmente, sido apagados[8].

Stalin, descobrimos ao fazer investigações, sempre ordenava apagar de fotos pessoas que ele havia cancelado da história soviética. Algumas dessas pessoas haviam sido presas, julgadas e executadas por atividades antissoviéticas. Outros, simplesmente, haviam sido apagados por terem expressado pontos de vista "politicamente incorretos". O próprio termo politicamente correto, lembre-se, foi cunhado durante o regime de Stalin, para impor limites à liberdade de expressão, liberdade de pensamento, e outras liberdades. Qualquer pessoa que se desviasse da linha de correção política do partido comunista arriscava sua liberdade, legado e vida.

Os responsáveis por adulterar as fotos dos julgamentos de Nuremberg haviam feito um bom trabalho, encobrindo os cancelamentos. Eles adulteraram as fotos de uma maneira perfeita. Ninguém podia notar a diferença, exceto se estivesse familiarizado com o original. O general Taylor estava presente em várias das fotos, então podia ver facilmente quem havia sido cancelado. Ele apontou para os espaços e disse que era onde tal e tal pessoa estavam na foto. Foi a forma de Stalin de demonstrar quem estava encarregado de fazer história e o que aconteceu a quem tentou exercer as liberdades básicas, incluindo liberdade de expressão, dissidência e outros direitos democráticos.

Existem muitas semelhanças entre os fanáticos da atual geração "desperta", os stalinistas dos anos 1930 e os macartistas dos anos 1950. Nenhuma dessas ideologias tolera divergências. Elas sabem o certo e o errado. Elas podem distinguir a Verdade da Grande Mentira, sem necessidade de debate. Elas são puristas, e julgam os impuros. Como Andrew Sullivan colocou, no contexto do movimento *Black Lives Matter*, após a morte de George Floyd:

> A nova ortodoxia... parece estar enraizada no que o jornalista Wesley Lowery chama de "clareza moral". O jornalismo precisa ser reconstruído

---

[8] Na tradição judaica, amaldiçoamos nossos inimigos com a expressão "*yimach shumo*", que significa, literalmente, "seu nome deveria ser apagado da memória". Stalin tornou a eliminação de seus inimigos da história uma política, ao apagar seus rostos de fotografias.

em torno da clareza moral. Isso significa encerrar sua tentativa de ver todos os lados de uma história, quando há apenas um, e abandonar até mesmo uma tentativa de objetividade (por mais inatingível que esse ideal possa ser). E qual é a crença fundamental de tal clareza moral? Que a América é sistematicamente racista e, desde o início, um projeto da supremacia branca, como disse Lowery... "O sistema de justiça - na verdade, todo o experimento americano - foi, desde o início, projetado para perpetuar a desigualdade racial".

O conceito de "clareza moral" é semelhante ao que chamei em meu livro *The Case for Liberalism in a Age of Extremism* [O Caso do Liberalismo em uma Era de Extremismo] de "A Verdade": a ideia de que existe apenas uma maneira correta de ver as coisas, e que qualquer pessoa em desacordo com essas visões é racista, moralmente inferior ou politicamente incorreta.

A cultura do cancelamento evita a necessidade do devido processo legal, ou de qualquer processo, para se chegar à verdade por meio de evidências e justiça. Seus defensores são impacientes. Eles querem seus desejos e os querem agora! A liberdade de expressão e o devido processo legal são apenas barreiras desnecessárias à sua utopia. Entretanto a negação da liberdade de expressão e do devido processo legal é o caminho certo para a distopia e a tirania da direita, ou da esquerda.

B. O IMPACTO DA CULTURA DO CANCELAMENTO NA LIBERDADE DE EXPRESSÃO E NO DEVIDO PROCESSO LEGAL

Duas das marcas mais importantes de liberdade e democracia estão contidas na Declaração de Direitos Americana: "a liberdade de expressão" e o "devido processo legal". Esses direitos fundamentais são também os processos de escolha, através dos quais as sociedades livres conduzem a busca incessante das verdades, nas quais as políticas devem se basear.

Essas salvaguardas servem como barreiras contra a tirania. Nenhum governo na história conquistou a liberdade para seus cidadãos, enquanto lhes negava os direitos gêmeos de liberdade de expressão e devido processo legal. Esses direitos fundamentais são gêmeos no sentido em que ambos refletem o ceticismo de que governos (ou outras instituições poderosas) detêm o monopólio da verdade. Eles também representam uma confiança nas pessoas, para avaliar verdades concorrentes, através de processos como o mercado aberto de ideias e a apresentação de evidências.

Nem a liberdade de expressão nem o devido processo legal são garantidores da liberdade, da democracia ou da verdade, pois ambos contam com a inteligência, e a boa vontade, de seres humanos falíveis. Como observou, sabiamente, o grande juiz Learned Hand:

> A liberdade está no coração de homens e mulheres. Quando morre ali, nenhuma constituição, nenhuma lei, nenhum tribunal pode salvá-la. Nenhuma constituição, nenhuma lei, nenhum tribunal pode fazer muito para ajudá-la. O espírito da liberdade é o espírito que não está muito seguro de estar certo. O espírito de liberdade é o espírito que busca compreender as mentes de outros homens e mulheres. O espírito da liberdade é o espírito que pondera os interesses deles, lado a lado com os seus próprios, sem viés.

O melhor exemplo da advertência de Hand sobre a liberdade, vivendo e morrendo nos corações de homens e mulheres, foi a eleição de Hitler, na Alemanha de Weimar, em 1932. Uma nação que, antes do advento do nazismo, gabava-se de um alto nível de proteção legal para a liberdade de expressão e o devido processo legal. Os eleitores alemães - pelo menos uma pluralidade deles - estavam preparados para apoiar a perspectiva de tirania, em troca da promessa de benefícios econômicos, entre outros. Quando a liberdade morreu em seus corações, a lei não poderia ressuscitá-la nem a resgatar.

Existem poucos, se houver, exemplos do fenômeno oposto: liberdade sem liberdade de expressão, nem devido processo legal. Isso é parcialmente tautológico, pois a liberdade inclui a liberdade de expressão e o devido processo legal. Entretanto, a liberdade também transcende esses dois direitos básicos. Inclui liberdade de ação, liberdade de possuir e usar propriedade, liberdade de praticar a religião, liberdade de educar os filhos, liberdade de fazer um aborto, liberdade de se envolver em conduta homossexual e de fazer outras escolhas físicas e emocionais - e, para alguns, liberdade de possuir armas. Também inclui, nas palavras do juiz Brandeis, "o direito de ser deixado em paz" pelo Estado, exceto quando houver razões convincentes para a intrusão[9]. Sem o direito de defender essas, e outras liberdades, e de exigir o devido processo antes de serem tomadas, nossa liberdade estaria em grave perigo.

Portanto, no final das contas, a liberdade de expressão e o devido processo legal são pré-condições, e componentes necessários, mesmo que insuficientes, da liberdade, da democracia e da verdade. Também são, geralmente, questões de grau. Nenhuma sociedade, mesmo a mais democrática, jamais permitiu a liberdade total e irrestrita de expressão. Sempre existem alguns limites. Nenhuma sociedade, mesmo a menos democrática, conseguiu restringir totalmente essa liberdade. Dissidentes quase sempre conseguem se comunicar por *Samizdat*[10], ou outros meios furtivos. A maioria dos governos repressivos também tem algum processo de avaliação de evidências. Porém muitas vezes é tão orientado para os resultados, e peremptório, que não é um processo real, e certamente não é o devido processo legal. O mesmo é verdade hoje para alguns "processos" universitários, para determinar a culpa, especialmente no contexto de acusações sexuais[11].

O juiz Felix Frankfurter nos lembrou: "a história da liberdade tem sido, em grande parte, a história da observância das salvaguardas processuais". Isso significa o devido processo legal. Quando o devido processo morre, a liberdade morre junto com ele.

Embora todos os direitos sejam, inevitavelmente, uma questão de grau, não é difícil distinguir entre governos essencialmente democráticos e aqueles essencialmente repressivos. O Canadá não estende sua liberdade de expressão a certos tipos de defesa do "ódio". Pessoalmente, discordo dessa limitação. Entretanto nunca sugeriria que o Canadá fosse outra coisa, senão uma democracia

---

[9] Veja o *Capítulo 9* a respeito de vacinas.

[10] *Samizdat* é a palavra russa para "publicado por conta própria", geralmente se referindo à literatura dissidente circulando de mão em mão. Quando estive na União Soviética nos anos 1970, vi cópias *Samizdat* do livro *Exodus* [Êxodo], de Leon Uris, sendo distribuídas.

[11] Por exemplo, a política de assédio sexual de Harvard é tão unilateral que carece de direitos básicos a respeito do devido processo legal para a parte acusada. Eu e 27 colegas da escola de Direito criticamos a universidade por essa política em uma carta aberta no *Boston Globe*. Ver: CLARIDA, Matthew Q. Law School Profs Condemn New Sexual Harassment Policy. *The Harvard Crimson*, [S. l.], p. 1-4, 15 out. 2014. Disponível em: https://dev.thecrimson.com/article/2014/10/15/law-profs-criticize-new-policy/. Acesso em: 23 nov. 2021.

aberta e livre, cujos cidadãos têm as liberdades básicas. A China, por outro lado, pode ter alguma liberdade de expressão limitada e algum processo legal devido. Porém poucos negariam o fato de ela ser essencialmente repressiva. No meio, há países como Cingapura, que restringe severamente - mas não elimina - a liberdade de expressão e o devido processo para a dissidência. Seus cidadãos médios, contudo, vivem vidas decentes, com algum grau de liberdade.

Tudo isso é uma forma de introdução à tese principal deste pequeno livro: que a nova cultura do cancelamento nos Estados Unidos (e em outras democracias ocidentais) representa um grande perigo para pelo menos dois de nossos direitos mais estimados e importantes: a liberdade de discurso e o devido processo legal. Ainda mais significativo, esse perigo não vem de tiranos do mal, mas de pessoas autointituladas "despertas", "do bem" e "progressistas". Muitas são motivados por bons valores e pelo desejo de tornar nosso mundo melhor e mais justo. Entretanto, como advertiu o juiz Louis Brandeis: "Os maiores perigos para a liberdade espreitam na intromissão insidiosa de homens [e mulheres] zelosos, bem-intencionados, mas sem discernimento".

Muitos dos fanáticos atuais são jovens estudantes e professores, homens e mulheres, que podem muito bem se tornar nossos futuros líderes. Pela primeira vez em minha vida, "justificativas" acadêmicas foram oferecidas por professores americanos de extrema esquerda, para restrições à liberdade de expressão e devido processo legal, rotulando esses direitos fundamentais como armas de "privilégio", implantadas contra os desprivilegiados (na Europa, professores fascistas e comunistas usavam esses argumentos na defesa de Hitler e Stalin, mas não nos EUA, até agora)[12]. E muitos estudantes radicais estão comprando esses argumentos antiliberais, em nome do cancelamento daqueles que acreditam estar abusando de privilégios.

Portanto, esse perigo para a liberdade pode refletir uma tendência contínua, e não apenas uma fase temporária. Se essa tendência se tornar a nova realidade, resultará na morte, ou pelo menos na ferida, da liberdade de expressão e do devido processo legal. Daí este réquiem para o fim da liberdade. Espero que seja prematuro, mas temo que possa acontecer, a menos que trabalhemos duro para reverter a tendência atual - a menos que cancelemos a cultura do cancelamento.

---

[12] Mas veja a discussão do professor Herbert Marcuse no *Capítulo* 1.

C. Contexto e criatividade da cultura do cancelamento

Um dos grandes perigos da cultura de cancelamento é o sufocamento da criatividade. Os intelectuais ficam apavorados com a possibilidade de serem cancelados, se as especulações feitas anos antes forem arrancadas do contexto e transformadas em armas na guerra contra a incorreção política. Meu amigo e colega professor, Steven Pinker, é um exemplo perfeito desse fenômeno perigoso.

Quando Steve e eu ensinamos juntos, ele era conhecido por sua criatividade, engenhosidade, e disposição para explorar ideias controversas. Na verdade, ministramos juntos um curso chamado "Tabu". Ele se concentrava em questões impedidas de serem discutidas, e debatidas, nas universidades de hoje. Não sei se foram feitas gravações de nossas aulas, mas sei que lançávamos ideias para incentivar os alunos a pensar, desafiar e chegar às suas próprias conclusões. Seria fácil para um "cancelador" atual arrancar do contexto algumas declarações feitas por cada um de nós, no decorrer desse exercício didático. Os alunos daquela época adoravam o curso, especialmente seu foco em ideias tabu. Entretanto os canceladores de hoje podem muito bem presumir que cada ideia lançada para discussão representou nossas opiniões, cuidadosamente pensadas e definitivas, sobre assuntos controversos. Isso seria um erro grave, como bem sabem os "canceladores". Porém eles os ignoram, no interesse de lançar sua arma contra aqueles que desaprovam.

Pinker e eu éramos professores titulares e não temíamos represálias universitárias por expressar pontos de vista controversos. Na verdade, uma das pessoas convidadas para a aula foi o presidente de Harvard, a quem ambos criticamos abertamente. Em retrospecto, parece que o tratamento dispensado ao presidente Lawrence Summers foi uma das salvas de abertura da campanha de cancelamento. Ele foi forçado a renunciar - uma forma inicial de cancelamento - por ter especulado, em voz alta, sobre algumas das razões pelas quais as mulheres não alcançavam o mesmo nível de sucesso dos homens nas STEM[13]. Se ele estava certo ou errado sobre o que disse, não deveria fazer diferença no ambiente universitário. Se ele estava errado, suas ideias deveriam ter sido refutadas no mercado aberto. Ao invés disso, ele foi cancelado como presidente de Harvard. Um cartum em um jornal local ilustrou o duplo padrão aplicado ao

---

[13] Sigla em inglês para Ciência, Tecnologia, Engenharia e Matemática. (N. E.)

cancelamento desde então. Ele retratava Summers implorando por seu emprego e dizendo: "Eu não quis dizer que as mulheres são intelectualmente inferiores. Quis dizer que Israel é um país de *apartheid*. Agora posso ter meu emprego de volta?".

O *Boston Globe* me citou, comparando a aflição de Summers ao "Julgamento de Galileu":

> "Em meus 41 anos em Harvard, nunca experimentei um presidente mais aberto ao debate, discordância e diálogo do que Larry Summers", escreveu Dershowitz, acrescentando que "os professores com medo de desafiá-lo são culpados de covardia".
>
> Dershowitz afirmou discordar dos comentários de Summers no mês passado, de que diferenças inatas podem ajudar a explicar por que mais homens são melhores do que mulheres em ciências e matemática, mas defendeu o direito do presidente da universidade de levantar a proposta.
>
> "Este é, realmente, um momento de crise para Harvard", escreveu ele. "A crise é sobre se uma camisa de força politicamente correta será colocada sobre o pensamento de todos nesta instituição, por um segmento do corpo docente"[14].

Entre os outros defensores de Summers estava o professor Pinker. A questão empírica levantada por Summers, argumentou ele, deveria ser "determinada por pesquisas, e não através de fátuas".

A demissão de Summers foi uma das primeiras manifestações do que se tornaria a cultura do cancelamento. Entretanto a situação piorou nos últimos quinze anos.

Na tentativa de sobreviver à cultura do cancelamento de hoje, jovens professores e alunos serão dissuadidos, e desincentivados, de dizerem qualquer coisa que possa voltar para assombrá-los, ou cancelá-los, nos próximos anos. A cultura do cancelamento não tem estatuto de limitações. Ela retorna aos primeiros dias da carreira de uma pessoa.

---

[14] BOMBARDIERI, Marcella. Some Professors Back Harvard's Summers. *Boston Globe*, [S. l.], p. 1-2, 17 fev. 2005. Disponível em: http://archive.boston.com/news/education/higher/articles/2005/02/17/some_professors_back_harvards_summers/. Acesso em: 23 nov. 2021.

Há quem esteja tentando cancelar o professor Pinker, devido a opiniões expressadas por ele ao longo de sua longa e ilustre carreira. Eu tendo a concordar com muitas de suas opiniões. Entretanto, mesmo se não concordasse, defenderia seu direito de ser controverso e fazer perguntas difíceis, cujas respostas verdadeiras possam ser politicamente incorretas.

A tentativa de cancelar, ou pelo menos removê-lo das plataformas, reflete outra consequência perturbadora da cultura do cancelamento: seu efeito negativo sobre os liberais centristas é maior do que sobre os conservadores de direita. Na realidade, essa disparidade resulta de os conservadores de direita terem muitos apoiadores, que continuarão a convidá-los a apresentarem seus pontos de vista, independentemente da cultura de cancelamento. Isso inclui universidades conservadoras, como a Universidade Liberty, bem como *think tanks*[15] conservadores, programas de rádio, *podcasts* e estações de TV. Entretanto existem poucos, se houver, meios de comunicação comparáveis para liberais centristas cancelados, especialmente porque a cultura do cancelamento tem seu maior impacto nos *campi* e locais liberais.

Às vezes, mesmo esquerdistas são cancelados por aqueles à sua esquerda, como ilustrado por uma história recente no *The New York Times*. O professor Adolph Reed, um estudioso marxista negro da Universidade da Pensilvânia, foi convidado a falar para a seção de Nova York dos Socialistas Democratas da América. O professor Reed planejava argumentar sobre como o foco da esquerda no impacto desproporcional da covid-19 sobre os negros prejudicava a organização multirracial. Raça é um conceito exagerado, argumentou o professor Reed, ao longo de sua notável carreira. Segundo ele, o foco em uma sociedade profundamente injusta deveria ser a classe. Essa posição foi ofensiva para alguns. Eles argumentaram que a minimização do racismo pelo professor Reed foi "covarde, e cede poder aos capitalistas raciais". Então, os Socialistas Democratas da América cancelaram sua palestra[16].

A maior ironia da cultura do cancelamento foi quando 150 intelectuais públicos, professores e escritores, escreveram uma carta, protestando

---

[15] Grupos de especialistas que oferecem soluções e traçam políticas estratégicas. (N. E.)
[16] POWELL, Michael. A Black Marxist Scholar Wanted to Talk About Race. It Ignited a Fury. *The New York Times*, [S. l.], p. 1-5, 14 ago. 2020. Disponível em: https://www.nytimes.com/2020/08/14/us/adolph-reed-controversy.html. Acesso em: 23 nov. 2021.

contra a cultura do cancelamento[17], e não me incluíram entre os signatários. Isso apesar de minha longa história de defesa da liberdade de expressão, minhas extensas publicações e meus cinquenta anos como professor. A única razão pela qual não fui convidado a assinar, enquanto outros muito menos talentosos e conhecidos foram convidados, é o fato de ter sido cancelado, até mesmo pelos organizadores da carta que se opunha à cultura do cancelamento. Entretanto o conteúdo da carta reflete meus pontos de vista, e a estou incluindo como um apêndice.

D. Cancelamento na política

A cultura do cancelamento também infectou a política. Candidatos viáveis foram cancelados e impedidos de concorrer a cargos mais altos, por não terem agido de maneira politicamente correta quando eram promotores, ou advogados de defesa. A senadora Amy Klobuchar estava entre os principais candidatos, indicados por Joe Biden, para vice-presidente. Entretanto foi alegado que, como promotora, ela não havia processado policiais supostamente violadores dos direitos de cidadãos afro-americanos. Isso condenou sua candidatura, levando-a a se retirar da consideração. Até mesmo Kamala Harris, a candidata selecionada, foi contestada por muitos na cultura do cancelamento porque, como promotora, não perseguia policiais com suficiente agressividade.

Esses e outros cancelamentos, e quase cancelamentos, semelhantes terão um impacto deletério no sistema de justiça criminal. Isso incentivará os promotores a sempre indiciarem os crimes mais graves possíveis e a não usarem seu julgamento e critério de maneira adequada. Alex Acosta, antigo procurador dos Estados Unidos, foi forçado a renunciar ao cargo de Secretário do Trabalho por ter feito um acordo - criticado pelo público - com Jeffrey Epstein, a quem representei. O impacto desses cancelamentos sobre os critérios do Ministério Público é impossível de avaliar. Porém isso claramente incentivará os promotores a sempre adicionarem acusações. O "efeito Acosta", como passou a ser

---

[17] A LETTER on Justice and Open Debate. *Harper's Magazine*, [S. l.], p. 1-4, 7 jul. 2020. Disponível em: https://harpers.org/a-letter-on-justice-and-open-debate/. Acesso em: 23 nov. 2021.

conhecido, levará promotores que não desejam ter a experiência de Acosta a errarem, por excesso de acusações. Isso terá um impacto devastadoramente negativo sobre a imparcialidade de nosso sistema judicial.

A cultura do cancelamento também tem impacto na política eleitoral. O senador Al Franken foi forçado a renunciar, devido a acusações que não chegaram ao nível de injustiças criminais, nem mesmo civis. Joe Biden foi ameaçado de cancelamento, com base em alegações altamente questionáveis. Entretanto o presidente Trump sobreviveu a acusações ainda mais sérias, porque sua base é muito menos favorável à cultura do cancelamento e do #MeToo do que os democratas e liberais. Brett Kavanaugh e Clarence Thomas, juízes da Suprema Corte, sobreviveram ao cancelamento porque também tiveram o apoio dos conservadores.

E. O IMPACTO DA CULTURA DO CANCELAMENTO NOS NEGÓCIOS E NA ECONOMIA

Entre os assuntos da cultura de cancelamento estão líderes empresariais de todos os aspectos da economia. Entre os demitidos, ou forçados a renunciar, estão o CEO do McDonald's, o presidente da Amazon Studios, o vice-presidente sênior de notícias da NPR, o chefe da Fox News, o presidente-executivo da Barnes & Noble, o CEO da CBS e dois executivos da Humane Society. Esses foram apenas alguns, entre muitos, cujas carreiras empresariais foram canceladas, alguns por justa causa, outros por alegações questionáveis.

As empresas privadas, é claro, têm o direito de demitir todos os funcionários - do CEO a trabalhadores - com base em alegações de má conduta. O problema é que, sob a cultura do cancelamento, as empresas podem ser forçadas pela opinião pública e pressão econômica a cancelarem pessoas que podem muito bem ser inocentes das acusações. Frequentemente, elas são canceladas logo após as acusações, sem qualquer oportunidade de refutá-las ou fornecer provas em contrário. Às vezes, as acusações são verdadeiras. Às vezes, são falsas. Muitas vezes, são questões de grau, sendo difícil determinar se o grau de culpabilidade justifica o cancelamento total.

F. Cultura do cancelamento e a mídia

Um exemplo de como uma reportagem falsa e difamatória da mídia pode resultar no cancelamento de uma boa pessoa, com um excelente trabalho ao longo da vida, é o que aconteceu com Linda Fairstein, antiga promotora e autora de *best-sellers*. Fairstein foi a promotora-chefe no caso do Central Park Five, que pode muito bem ter resultado em uma injustiça e em condenações errôneas. Pessoas razoáveis podem discordar sobre o fato de ela ter sido, de alguma forma, responsável pelo erro judiciário. Entretanto a Netflix simplesmente inventou uma "série de fatos" totalmente falsos. Eles a retrataram como tendo liderado a investigação inicial na cena do crime e tomado decisões com impacto no restante do caso. Na verdade, Fairstein nem mesmo havia sido designada para o caso naquela época. Porém a história mostrada na Netflix foi considerada verdadeira por um grande número de pessoas e Fairstein foi cancelada[18]. Ela foi forçada a renunciar como curadora do Vassar College, e contratos de livros, aparições e prêmios foram rescindidos. Ela se tornou uma pária entre os "despertos" e os "canceladores" progressistas. Ela agora está processando a Netflix por difamação, assim como eu.

Estou processando porque a Netflix quebrou sua promessa de que, se eu desse a eles toda a documentação provando nunca ter conhecido minha falsa acusadora, eles apresentariam essa evidência no ar. Fui entrevistado pela Netflix e expus as evidências em detalhes. Também forneci fitas, *e-mails* e outras documentações indiscutíveis. Porém eles as descartaram e nunca colocaram no ar. Ao invés disso, apresentaram minha falsa acusadora como uma mulher confiável, sem nenhuma evidência de falta de credibilidade. Essa série mentirosa da Netflix, chamada *Filthy Rich* [*Jeffrey Epstein: Poder e Perversão*], resultou em meu cancelamento, ou remoção das plataformas, entre muitos na cultura do cancelamento.

---

[18] Ver: GOLDBERG, Noah. Central Park Five Prossecutor Resigns From Vassar Board After Student Outcry. *Brooklyn Daily Eagle*, [S. l.], p. 1-4, 4 jun. 2018. Disponível em: https://brooklyneagle.com/articles/2019/06/04/vassar-students-call-for-removal-of-central-park-five-prosecutor-from-college-board/. Acesso em: 23 nov. 2021. O artigo também menciona que "Em 2018, Fairstein - hoje escritora de romances de mistério - recebeu um prêmio do Mystery Writers of America. Após a reação contra seu papel no Caso Central Park Five, a organização decidiu rescindir o prêmio".

Outro exemplo é o cancelamento de Woody Allen. Eu fui um dos advogados de Mia Farrow em seu processo contra Allen. Evidentemente, não sei se Allen fez algo ilegal ou impróprio com Dylan, filha de Mia. Entretanto o assunto foi minuciosamente investigado quando a acusação de transgressão foi feita. O Hospital Yale-New Haven investigou e descobriu que "É nossa opinião especializada que Dylan não foi abusada sexualmente pelo Sr. Allen. Além disso, acreditamos que as declarações de Dylan na fita de vídeo e suas declarações para nós durante nossa avaliação, não se referem a eventos reais ocorridos com ela em 4 de agosto de 1992"[19]. O assunto desapareceu da vista do público durante muitos anos e Allen continuou a fazer seus filmes. Então veio o movimento #MeToo e a cultura do cancelamento. Sem novas evidências, Allen foi cancelado. Seus contratos de livros e filmes foram violados. Ele também se tornou um pária, embora as evidências sugiram que ele pode não ter feito nada de errado. A acusação tornou-se a condenação, e a cultura do cancelamento entrou em cena[20].

G. O poder difundido da cultura do cancelamento

O poder da cultura do cancelamento para influenciar a história foi revelado a mim, pessoal e dramaticamente, quando recebi um telefonema de um redator de obituários do *Washington Post*. Ele fora designado para escrever meu obituário, explicou, embora esperasse que a história demorasse muitos anos para aparecer. Segundo ele, meu obituário, quando fosse publicado, incluiria, necessariamente, a falsa acusação de má conduta sexual, feita contra mim. Disse a ele que a acusação fora totalmente inventada, que eu nunca havia conhecido minha acusadora, que nenhuma acusação fora feita contra mim e que seria injusto incluir uma denúncia falsa e não confirmada de um crime tão grave. Ele foi solidário. Porém, insistiu ele, a acusação deveria ser

---

[19] Woody Allen não foi acusado de impropriedade sexual naquela época, nem desde então. Ver também: FARROW, Moses. A Son Speaks Out. (*Blog Pessoal*), [S. l.], p. 1-10, 23 maio 2018. Disponível em: http://mosesfarrow.blogspot.com/2018/05/a-son-speaks-out-by-moses-farrow.html. Acesso em: 23 nov. 2021.
[20] Seu livro de memórias foi publicado por uma editora diferente e seu filme será exibido nos Estados Unidos no final de setembro de 2020.

incluída, mesmo sendo falsa. Posteriormente, recebi um telefonema semelhante de um redator de obituário do *The New York Times*. Assim, meu obituário - um resumo das conquistas da minha vida[21] - incluirá, talvez em destaque, uma acusação inteiramente falsa, inventada. Provavelmente, não incluirá a esmagadora evidência documental, nas próprias palavras de minha acusadora, provando que eu nunca a conheci, ou as confissões de seu próprio advogado, que ela estava "errada... simplesmente errada" em me acusar, porque eu não poderia estar nos lugares, nos horários em que ela afirmou ter me conhecido. Tampouco incluirá uma referência à gravação, onde sua melhor amiga diz que Giuffre admitiu a ela ter sido "pressionada" - palavra dela - a me acusar falsamente, por dinheiro[22].

Minha história será distorcida, minhas realizações serão canceladas, ou pelo menos diminuídas, graças a uma falsa alegação, da qual nunca fui acusado e contra a qual não poderia me defender formalmente. Esse é o poder da cultura do cancelamento: acusações falsas, facilmente fabricadas, e a atual atmosfera #MeToo, na qual uma acusação - mesmo sendo comprovadamente falsa - se torna a nova verdade.

A cultura de cancelamento não inclui padrões, ou processos, para determinar se uma alegação de cancelamento é verdadeira, ou falsa. A própria acusação torna-se a história e, portanto, torna-se parte do registro histórico, mesmo sendo comprovadamente falsa. Independentemente das evidências, ou da falta delas, uma porcentagem significativa de leitores e espectadores acreditarão em qualquer acusação, especialmente contra uma pessoa controversa, de cujos pontos de vista sobre outros assuntos, eles podem discordar. Essa é a nova realidade, a nova história, a nova ausência de padrões e a nova "verdade" da cultura do cancelamento. Entretanto, como muitos não entendem esse novo fenômeno, presumem que, se algo aparece na mídia, deve ser verdade, ou pelo menos deve ter sido examinado, investigado e testado com veracidade antes de ser publicado. Essa combinação - confiança nos relatos da mídia, juntamente à

---

[21] Veja o Apêndice III para um breve sumário das conquistas de minha vida. Para um catálogo mais extenso, veja meu livro *Taking the Stand: My Life in the Law* [Tomando uma Posição: Minha Vida na Advocacia].

[22] A evidência indiscutível de minha total inocência está contida em meu livro, *Guilt by Accusation: The Challenge of Proving Innocence in the Age of #MeToo* [Culpa por Acusação: o Desafio de Provar a Inocência na Era do #MeToo].

recusa dessa em satisfazer essa confiança, ao investigar antes de publicar - resulta em uma distorção da história e da verdade. Lutarei contra essa distorção enquanto viver e, sabendo agora o que estará em meu obituário, precisarei continuar a lutar através de meus filhos, minha esposa e meus amigos, mesmo depois de morrer. Esse é o poder injustificado da cultura de cancelamento.

Uma das consequências moralmente mais traiçoeiras da cultura de cancelamento é sua injustiça em acusar pessoas mortas que, obviamente, não podem revidar. Muitos anos atrás, escrevi uma resenha no *The New York Times*, de um livro sobre a vida do grande advogado Edward Bennett Williams. Williams havia morrido recentemente e o autor do livro o havia acusado de vários atos de má conduta ética e corrupção. Em minha revisão, chamei isso de "negação do devido processo literário", escrevendo o seguinte:

> Tenho certeza de que, se Williams estivesse vivo, e fosse capaz de se defender, argumentaria ter se encontrado com juízes em particular, apenas para neutralizar a prática, muito mais frequente - ainda prevalecente, em minha opinião - de promotores se encontrarem em particular com os juízes. Na verdade, ele provavelmente defenderia toda a gama de práticas eticamente questionáveis das quais foi acusado, apontando para flagrantes violações éticas cometidas, rotineiramente, por promotores.
>
> Isso leva à minha única crítica séria a - ou, mais precisamente, à minha inquietação com relação a - toda a empreitada de Thomas. Há algo de injusto, parece-me, em revelar o lado menos favorável de Williams, até então desconhecido, logo após sua morte. Se esse livro tivesse sido publicado enquanto Williams ainda estava vivo e saudável, certamente ele teria sido capaz de responder a algumas das acusações mais graves contra ele ou, pelo menos, de colocá-las em um contexto mais positivo. Escrever criticamente sobre um homem morto recentemente é, com efeito, uma negação do devido processo literário e do direito de confrontar o acusador [...][23].

---

[23] DERSHOWITZ, Alan M. Winning Was Everything. The New York Times, [S. l.], p. 1-4, 15 dez. 1991. Disponível em: https://www.nytimes.com/1991/12/15/books/winning-was-everything.html. Acesso em: 23 nov. 2021. Recentemente, antigas auxiliares de justiça do falecido Stephen Reinhardt alegaram que ele as havia assediado sexualmente. WEISS, Debra Cassens. Former Clerk For Late Judge Stephen Reinhardt Alleges Sexual Harassment and 'Profane Atmosphere'. ABA Journal, [S. l.], p. 1-3, 13 fev. 2020. Disponível em: https://www.abajournal.com/

INTRODUÇÃO

Isso foi antes da cultura do cancelamento, o que tornou ainda pior a negação do devido processo literário e histórico. Considere o caso de um dos meus compositores e cantores favoritos da liturgia judaica, Shlomo Carlebach, que morreu em 1994. Carlebach foi o compositor judeu mais influente dos tempos modernos. Sua bela música foi cantada em sinagogas ao redor do mundo. Eu a escutei na Austrália, África do Sul, Rússia, Canadá, Inglaterra, França, Itália, Israel e outros locais. Ele revolucionou a música litúrgica judaica. Durante sua vida, foi homenageado e elogiado, embora criticassem alguns aspectos de seu estilo de vida. Ele havia organizado um centro judaico "semi--*hippie*" na Califórnia, chamado A Casa do Amor e Oração. Ele abraçava a todos. Lembro-me de apresentá-lo a meus filhos, na década de 1970, em um concerto na região de São Francisco. Imediatamente, ele agarrou a mim e aos meus dois filhos em um abraço de urso, dizendo-nos o quanto nos amava. Ele era assim. Entretanto, após sua morte, várias mulheres reclamaram que seus abraços eram inadequados e incluíam sexualidade sugestiva. Ele nunca foi acusado com credibilidade de qualquer comportamento criminoso, ou de qualquer coisa constituindo violação da lei civil. Entretanto essas acusações, feitas em um momento em que Carlebach não conseguia mais se defender, colocando-as no contexto, foram suficientes para ele ser cancelado em vários locais. A Sinagoga Central de Nova York proibiu sua música por um ano, enquanto outras o cancelaram permanentemente[24].

Outras figuras históricas, nas artes, negócios e política, também foram postumamente canceladas. Isso inclui Kate Smith e Al Jolson. Em 2019, escrevi sobre o cancelamento da bela versão de "God Bless America", por Kate Smith. Reconheci que, quando Kate Smith era uma jovem aspirante a cantora, havia cometido um erro comum em sua época: cantou e gravou duas canções,

---

news/article/former-reinhardt-clerk-alleges-he-created-sexually-harassed-her-and-created-profane-atmosphere. Acesso em: 23 nov. 2021. Além disso, depois que o documentário *Finding Neverland* [Encontrando Neverland], – que não continha novas evidências – foi mostrado, ligações foram feitas novamente para cancelar o falecido Michael Jackson. Jackson nunca foi condenado por nenhum crime e negou as alegações de abuso sexual.

[24] Ver: SALES, Ben. The synagogues that are saying #MeToo to banning Shlomo Carlebach. *The Jewish News of Northern California*, [S. l.], p. 1-7, 20 jan. 2018. Disponível em: https://www.jweekly.com/2018/01/30/synagogues-saying-metoo-banning-shlomo-carlebach/. Acesso em: 23 nov. 2021.

com letras hoje consideradas, compreensivelmente, racialmente insensíveis e ofensivas. Ela não escreveu as músicas, e não continuou a cantá-las depois disso. Muitos outros cantores, incluindo a lenda afro-americana Paul Robeson, também cantaram uma dessas canções. Antigamente, muitas letras refletiam insensibilidade racial.

Smith já se foi há muito tempo, mas seu legado está sendo atacado por causa de seu erro de juventude. Sou fã do Red Sox, então ir ao Yankee Stadium é, para mim, uma dolorosa lembrança de quantas vezes os Yankees venceram o Red Sox e meus amados Brooklyn Dodgers. Porém estou sempre ansioso para ouvir a versão de Smith de "God Bless America". Ninguém jamais cantou este clássico de Irving Berlin exatamente como ela. Entretanto os Yankees decidiram acabar com essa tradição, quando a história da imprudência juvenil de Smith se tornou pública. Os Philadelphia Flyers foram ainda mais longe, removendo sua estátua da frente de sua arena.

Em seguida, comparei a insensibilidade juvenil de Smith, em relação à raça, com a insensibilidade madura do *The New York Times* em relação ao antissemitismo. A edição internacional do *The New York Times* republicou um cartum agenciado, baseado em outro, que apareceu na Alemanha nazista em 1940. O cartum nazista mostrava um judeu estereotipado, liderando um ingênuo Winston Churchill. A mensagem era clara: os judeus tentam controlar o mundo, manipulando líderes mundiais não judeus, para cumprirem suas ordens. O cartum do *Times* era ainda pior. Ele retratava Benjamin Netanyahu como um cachorro, com uma estrela de Davi no pescoço, conduzindo um presidente Trump, adornado cego por uma quipá. O *Times* reconheceu seu erro e insensibilidade.

Tenho certeza de que Smith, caso estivesse viva hoje, também teria reconhecido sua insensibilidade juvenil. A diferença é que Smith não teve uma segunda chance, enquanto o *Times*, embora constrangido, continuará a ser lido por fãs dos Yankees, que não ouvirão mais a versão de Smith de "God Bless America".

Existem diferenças consideráveis, é verdade, entre Smith e o *Times*. Smith foi uma artista, cujo maior legado foi sua aclamada versão de "God Bless America". Entretanto ela não está mais conosco.

O *The New York Times* não é apenas o jornal de registro da América, é o jornal de registro do mundo. Isso significa, é claro, que independentemente do quão insensível o *Times* tenha sido com relação aos judeus, seu estado-nação e seus líderes, não há realmente nada a ser feito para responsabilizar o *The New York Times*. Ele continuará a publicar, em grande parte ileso. Boicotes não funcionam, porque o número de leitores é grande demais, e porque muitos de seus leitores, como eu, se opõem ao boicote de jornais e outras mídias.

O fato de perdoarmos rapidamente o *Times* por sua insensibilidade religiosa muito mais flagrante, deve nos levar a ser cautelosos quanto à indignação, expressada por alguns, contra a falecida Smith e a favor do cancelamento de seu legado. Por mais difícil que seja de realizar, precisamos de um único padrão de indignação, responsabilidade e cancelamento. Deve levar em consideração muitos fatores, principalmente o tempo, durante o qual a conduta ofensiva ocorreu.

As letras cantadas por Smith eram racistas e insensíveis, independentemente de quando tenham sido cantadas. Porém, o momento é um fator atenuante. Tragicamente, a insensibilidade racial era a norma naquela época. Isso não significa dar a Smith uma aprovação completa, mas significa que todo o seu legado não deveria ser destruído por causa de uma insensibilidade comum àquela época.

A época também é importante para avaliar a responsabilidade do *The New York Times*. É difícil imaginar um momento pior do que agora para o *Times* publicar sua imagem antissemita, especialmente em sua edição internacional. O antissemitismo está se espalhando por toda a Europa, e em muitas partes dos Estados Unidos, como demonstrado por ataques assassinos a sinagogas e outras instituições judaicas, em várias partes do mundo. Por qualquer padrão, o ato de Smith não é nada em comparação com o do *The New York Times*.

Pedi, então, por uma restauração da estátua de Smith na Filadélfia e por trazer de volta a tradição de tocar sua "God Bless America". Todo mundo que ouvir essa música ou vir essa estátua, agora se lembrará de sua história, marcada por músicas cantadas por ela, há muitos anos atrás. Portanto, era certo chamar a atenção para isso, mas também é certo aplicar um único padrão à sua conduta. E, sob esse padrão, a estátua é restaurada, e sua versão de "God Bless America", reproduzida.

Considere também o cancelamento de Al Jolson, considerado o Elvis Presley, ou mesmo os Beatles, de sua época. Ele foi chamado de "o maior artista do mundo". Porém ele também era conhecido como "o Rei do *Blackface*"[25]. Seus dias eram os tempos do vaudeville, quando tocar músicas com o tema sulista, usando *blackface*, era a norma. Estava errado naquela época? Sim, mas muitos artistas o fizeram, incluindo Fred Astaire, Gene Autry, Ethel Barrymore, Bing Crosby, Neil Diamond, e Buster Keaton. Na época, havia poucas reclamações de líderes negros. O próprio Al Jolson, defensor dos direitos civis, ajudava na carreira de artistas negros. Hoje, entretanto, ele foi cancelado, em grande parte porque se apresentava em *blackface*. Outros, que o fizeram ainda mais recentemente, foram liberados. A cultura do cancelamento escolhe quem são seus alvos, sem nem mesmo uma pretensão de padrões objetivos.

A lista de lendas vivas canceladas inclui Plácido Domingo, James Levine, Charlie Rose, Woody Allen, Linda Fairstein, Matt Lauer, Mel Gibson, Bill Cosby, Kevin Spacey, Andy Dick, Roseanne Barr, Bill O'Reilly e Michael Richards (Kramer, de *Seinfeld*). Alguns podem merecer opróbrio e até mesmo processos. Alguns admitiram transgressões. Enquanto outros negaram.

Existem, é claro, graus de cancelamento, desde o total, em que a pessoa cancelada é essencialmente removida da sociedade, até o cancelamento de um evento, em que um determinado local, ou organização, cancela um palestrante, como Ben Shapiro, Steven Pinker, Elizabeth Loftus, ou eu[26]. Agradeço pelas falsas acusações contra mim terem sido feitas durante a minha vida, quando ainda posso lutar. Embora eu tenha 82 anos, e as falsas acusações datem de quase vinte anos, consegui reunir as documentações e outras evidências provando, conclusivamente, que nunca conheci minha acusadora. Se eu estivesse morto quando a acusação foi feita, ninguém mais saberia onde procurar a evidência da minha inocência. Portanto, sou particularmente compreensivo com aqueles que foram acusados e cancelados postumamente, ou quando estão muito velhos ou doentes para responderem. Eles também poderiam ter sido capazes de fornecer evidências conclusivas de sua inocência, caso estivessem vivos ou saudáveis, quando as acusações foram feitas.

Entretanto, como acontece com o macarthismo, mesmo a evidência conclusiva de inocência pode não ser suficiente para cancelar o cancelamento.

---

[25] Prática de pintar o rosto para imitar pele negra. Comumente considerado um ato racista por militantes e progressistas. (N. E.)
[26] Uma lista de indivíduos cancelados aparece no *Apêndice I*.

INTRODUÇÃO

Durante mais de um quarto de século, o 92nd St. Y - principal local de palestras para oradores judeus e pró-Israel - me convidou para discutir meus livros e outras questões. Disseram-me que, depois de Elie Wiesel, eu era o orador mais frequente e popular, quase sempre enchendo seu grande auditório. Mesmo depois de ter sido falsamente acusado, no final de 2014, os convites continuaram e muitas de minhas palestras foram transmitidas para outros locais judaicos, em todo o país. Não houve reclamações, até onde sei.

Então, veio o movimento #MeToo. Embora o caso da minha inocência total tenha ficado ainda mais forte - os *e-mails* de minha acusadora, que eximiam minha culpa, haviam sido descobertos, seus próprios advogados haviam admitido que ela estava "errada... simplesmente errada" em me acusar, ela disse à sua melhor amiga que tinha sido pressionada, por seus advogados, a me acusar falsamente - a Y decidiu me cancelar porque, embora afirmassem saber de minha inocência, "não queriam problemas". Essa foi, precisamente, a desculpa dada pelos que cancelaram as vítimas do macarthismo, no final dos anos 1940 e no início dos anos 1950. É trágico, e escandaloso, que uma instituição tão proeminente como a 92nd St. Y reproduza as táticas perniciosas de uma época passada.

A cultura do cancelamento combina os piores elementos de hipocrisia e julgamento. Seus defensores e praticantes costumam julgar grandes pessoas - músicos, artistas, cientistas - realizadoras de muitas coisas boas em suas vidas, mas cujas ações, ou ideologias, ofenderam os canceladores. Muitos desses que se sentam em julgamento sobre quem cancelar realizaram pouco em suas próprias vidas. Eles não podem ser cancelados, porque não há nada para cancelar. Ao invés disso, cancelam outros, que realizaram muito mais do que eles, em nome de algum tipo de falsa igualdade. A cultura de cancelamento cria sua própria nova hierarquia, no lugar da hierarquia que está determinada a desmontar e cancelar. A nova hierarquia é baseada em raça, gênero e outros *status* relacionados à identidade e "privilégio".

H. Pode a cultura do cancelamento ser aplicada igualmente?

Um verdadeiro teste das virtudes de uma cultura, ou conceito, é se ele pode ser aplicado igualmente, universalmente, sem levar em conta raça, gênero, religião, política, ideologia, ou quaisquer outros fatores. Dito de outra forma: o conceito de cultura do cancelamento passa no "teste do sapato no outro pé"? Quem defende o cancelamento o aplicaria àqueles com os quais concordam, com a mesma facilidade com que o aplicam àqueles dos quais discordam?

Considere, por exemplo, Malcolm X, cujo nome foi dado a ruas e edifícios. Há uma controvérsia considerável sobre se Malcolm X fez algum bem para a América, para os afro-americanos, ou para outros. Malcolm X, não há absolutamente nenhuma dúvida, era um fanático, um antissemita, um sexista, um criminoso e um mentiroso. Entretanto não há movimento para cancelá-lo, porque ele é um dos favoritos, entre muitos daqueles que se atribuíram o papel de decidir cancelamentos, em nossa nova cultura do cancelamento. Mesmo Martin Luther King, a quem admiro enormemente, e que contribuiu muito para tantos, era um indivíduo profundamente imperfeito, especialmente na área da sexualidade, cujo papel é tão dominante na cultura do cancelamento de hoje. Ele era, sem dúvida, um adúltero em série, e há alegações de que ele "olhou e riu", quando um colega pastor agrediu sexualmente uma mulher inocente[27]. Espero que esta alegação seja infundada. Podemos descobrir, quando fitas do FBI forem divulgadas, em 2027. Entretanto, mesmo sendo verdade, isso não deve cancelar as contribuições positivas da vida desse grande homem. Também há acusações contra outros heróis proeminentes da geração desperta, que facilmente cancelariam pessoas de direita e de centro. Porém um duplo padrão é aplicado ao cancelamento pelos árbitros anônimos da geração desperta.

A cultura do cancelamento contém elementos de política de ação afirmativa, de base racial, de gênero? Em caso afirmativo, qual é a justificativa para isso? Ou um único padrão é aplicável a todos ou o processo é sem padrão, *ad hoc*, e baseado em valores sempre mutantes.

Entre as questões levantadas pela cultura do cancelamento está por que o racismo e o sexismo são mais influentes nos cancelamentos do que o antissemitismo, o anticatolicismo e outros preconceitos. Prédios nas principais

---

[27] ALLE-MILLS, Tony. FBI Tapes Reveal Martin Luther King's Affairs 'With 40 Women'. *The Sunday Times*, [S. l.], p. 1-2, 26 maio 2019. Disponível em: https://www.thetimes.co.uk/article/fbi-tapes-reveal-martin-luther-kings-affairs-with-40-women-058h7k9wd. Acesso em: 23 nov. 2021. Arquivos descobertos recentemente afirmam que o líder dos direitos civis "olhou e riu" quando um pastor amigo estuprou uma paroquiana em um hotel, *The Sunday Times*, 26 de maio de 2019.

universidades, incluindo Harvard, têm o nome de virulentos antissemitas, que impuseram cotas antijudaicas, bem como cotas ou restrições contra outros grupos. Isso inclui o ex-presidente de Harvard, A. Lawrence Lowell, o ex-diretor de admissões Henry Pennypacker, entre outros. Considere o caso recente de um médico que tuitou: "Vá espancar um sionista", "Você confia nos judeus, eu nunca confiei", "Espero que apenas israelenses contraiam o ebola" e "Yahoodi[s] comandam o mundo corrupto". Apesar do fato de que, como residente do Brooklyn, ele ser obrigado a tratar muitos judeus ortodoxos, um tribunal impediu o hospital de demiti-lo. O resultado teria sido o mesmo se ele tivesse feito declarações comparáveis contra negros? Para tornar o cancelamento uma política, deve haver debates sobre quais padrões aplicar, quem deve aplicá-los, qual processo de revisão deve ser instituído, se existe um estatuto de limitações, e outras questões importantes do processo. John Calhoun foi cancelado por Yale - o nome da faculdade que leva seu nome foi mudado. Entretanto outros indivíduos, incluindo o traficante de escravos que deu nome à própria universidade, não sofreram o mesmo destino.

Um dos desafios mais assustadores para proteger a liberdade de expressão, contra os excessos da cultura do cancelamento, é a realidade constitucional de que a cultura do cancelamento pode ser uma forma de expressão, protegida pela Primeira Emenda.

I. Seria a própria cultura do cancelamento uma forma de expressão protegida pela Primeira Emenda?[28]

A liberdade de expressão inclui o direito de se opor à própria liberdade de expressão. Quando eu era estudante universitário, defendia os direitos dos comunistas do *campus* - professores e alunos - onde fui frequentemente criticado por defender os direitos de liberdade de expressão daqueles que negariam a liberdade de expressão a outros. Era um ponto moral interessante, especialmente porque eu era fortemente anticomunista. O regime de Stalin acabara de terminar e o comunismo, para mim e minha família, representava repressão, totalitarismo, censura, antiamericanismo, antissemitismo e beligerante.

---

[28] A ideia para essa parte do capítulo veio de minha filha, Ella Dershowitz.

Contudo eu acreditava fortemente, e acredito agora, que mesmo aqueles que nos negam a liberdade de expressão têm direito à proteção constitucional à sua defesa da negação. O mesmo se aplica à liberdade religiosa. Eu defendo os direitos, mesmo daqueles fundamentalistas que, se chegassem ao poder, negariam a outras religiões, ou a ateus, o direito ao livre exercício de suas crenças.

Este é, talvez, o teste mais difícil do verdadeiro compromisso com a liberdade de expressão: a vontade de defender aqueles que, se prevalecessem, negariam a todos nós os direitos básicos, incluindo o direito à liberdade de expressão. O argumento contra a liberdade de expressão, para os negadores da liberdade de expressão, é análogo, em alguns aspectos, ao argumento que costumo ouvir quando, como advogado de defesa criminal, defendo criminosos acusados, que negaram a outros o direito de viver, de serem livres de violência, de serem tratados com honestidade e de protegerem suas famílias. Um advogado de defesa criminal deve defender os direitos daqueles que tomariam direitos do resto de nós. O mesmo deve acontecer com um defensor da liberdade de expressão.

As táticas repressivas da cultura do cancelamento negam aos artistas, acadêmicos, políticos, especialistas da mídia, líderes empresariais e a outros o direito a uma plataforma. Na verdade, sua tática recebeu o nome de *deplatforming* (remover das plataformas). Embora não use o poder do governo como tal para censurar, exige que outras instituições poderosas - como a grande mídia, a academia, a igreja, escritórios de palestrantes, entre outros - neguem àqueles que foram cancelados o direito de falar, e neguem a seu público-alvo o direito de ouvir suas opiniões.

Os motivos para cancelar alguém variam consideravelmente. Entretanto quase sempre representam os valores dos chamados "despertos", "progressistas" e "antiprivilegiados". Frequentemente, as acusações justificando o cancelamento datam de meio século. Quando se trata de demolição de estátuas e renomeação de edifícios, elas podem remontar à fundação de nossa nação. Elas incluem comentários (frequentemente fora do contexto) sobre raça, gênero e história. Elas também incluem acusações (às vezes falsas e não comprovadas) sobre impropriedades sexuais. Incluem ações consideradas aceitáveis no momento em que foram realizadas, e que hoje são reprováveis, geralmente por bons motivos. Os mortos, os idosos, os velhos e os jovens estão inclusos entre aqueles sujeitos a cancelamento. Às vezes, mesmo parentes dos mortos são cancelados pelos pecados de seus pais, avós e bisavós.[29] Não há devido processo legal ou outros mecanismos para refutar acusações anteriores. Alguns se comprovam por si sós, mas outros são fortemente discutidos ou são questões de grau.

O efeito da cultura do cancelamento é fechar o mercado de ideias, para aqueles que foram cancelados e para quem deseja aprender com eles. A cultura do cancelamento constitui um ataque frontal à liberdade de expressão e ao devido processo legal, conforme mostrarei no próximo capítulo. Ainda assim, é constitucionalmente protegido, pelo menos na maioria de suas formas e manifestações.

Em sua essência, a cultura do cancelamento é, em si, uma forma de liberdade de expressão. Na minha opinião, é um discurso errado, um discurso ruim, um discurso perigoso, um discurso antilibertário e um discurso perverso. Muitas vezes, é motivado por considerações político-partidárias, bem como por políticas identitárias. Eu odeio a cultura do cancelamento, mas, parafraseando Voltaire, vou defendê-la como um direito constitucional, enquanto a condeno por uma questão de moralidade e princípios.

---

[29] Ver: STEWART, James B.; RAPPEPORT, Alan. Steven Mnuchin Tried to Save the Economy. Not Even His Family is Happy. *The New York Times*, [S. l.], p. 1-5, 30 ago. 2020. Disponível em: https://www.nytimes.com/2020/08/30/business/steven-mnuchin-trump-economy.html. Acesso em: 23 nov. 2021. Membros da minha família também foram cancelados. E eu já ouvi relatos semelhantes de outras pessoas.

capítulo 1

Capítulo 1

CANCELANDO A LIBERDADE DE EXPRESSÃO PARA VOCÊ, MAS NÃO PARA MIM!

Muitos, entre os defensores da cultura do cancelamento, defendem, explicitamente, a liberdade de expressão "para mim, mas não para você". Eles não são os únicos a acreditarem que deveria haver exceções seletivas para a liberdade de expressão completa. Isso não deve surpreender ninguém, porque *deve* haver algumas exceções. Entretanto, como veremos, a maioria das exceções defendidas tende a ser egoísta, no sentido de limitar apenas o discurso que fere ou ofende aqueles que pressionam pela exceção. Censura de você, mas não de mim!

Na realidade, todos, no fundo, querem censurar *alguma coisa*. Os seres humanos, por mais que estejam comprometidos com o princípio abstrato da liberdade de expressão, têm uma desconfiança arraigada no mercado aberto de ideias, especialmente quando eles próprios - ou os grupos aos quais pertencem - são "vítimas" dos excessos da liberdade de expressão. Quantas vezes já ouvimos um amigo judeu dizer: "Eu acredito na liberdade de expressão para todos, mas nazistas marchando através de Skokie, ou um negador do Holocausto - isso é diferente". Ou um amigo negro dizendo: "É claro que acredito no direito de Martin Luther King de desfilar em Cícero, Illinois, porque ele era um homem de paz - mas a KKK, com suas vestes e cruzes em chamas, ou permitindo que crianças leiam *Little Black Sambo*, ou *Huck Finn* - isso é diferente". Ou uma amiga feminista, apoiando o direito de defender e escolher o aborto, mas pedindo a supressão da pornografia, porque é sexista e incentiva a violência.

Eu costumava fazer um experimento em minha aula. Pedia a quem fosse contra a censura que levantasse as mãos. Praticamente toda a classe levantaria a mão. Então, eu começaria a listar as exceções e perguntaria quem apoiaria cada uma delas. Algumas mãos de judeus se levantavam contra os nazistas. Algumas mãos negras eram levantadas contra a KKK. Algumas mulheres queriam proibir a pornografia sexista. Alguns pacifistas estavam dispostos a ver a revista *Soldier of Fortune* suprimida. Em seguida, perguntei sobre outras exceções que os alunos poderiam apoiar. No final da aula, ficaria claro que se os alunos - em princípio, contra a censura - recebessem o poder de banir apenas um gênero ofensivo, restaria pouco da liberdade de expressão.

Vários anos atrás, propus que, a fim de demonstrar o apoio *neutro* de alguém à liberdade de expressão - de forma a se juntar ao que chamo de "Clube da Primeira Emenda" -, a pessoa deveria participar de, pelo menos, um comício pela liberdade de expressão, em apoio a pontos de vista pelos quais sente completo desprezo. Quero dizer, que realmente odeie! Não é suficiente dizer, como fazem alguns, sobre as fotos de Robert Mapplethorpe: "Bem, realmente não são do meu gosto, mas não vejo por que outras pessoas, apreciadoras desse tipo de coisa, não deveriam ser livres para vê-las". Isso é fácil. Você deve encontrar algo realmente nauseante, irritante ou profundamente ofensivo. Como o preconceito dos nazistas ou a KKK. Saia e defenda seu direito de se expressarem. Então venha e reivindique seu cartão de membro da Primeira Emenda. Nem é preciso dizer que há poucos membros nesse clube de elite. Minha participação no Clube da Primeira Emenda foi garantida, tanto pela defesa dos nazistas marchando através de Skokie em 1977 quanto pela posição assumida por mim em 2004, quando Yasser Arafat morreu. Os estudantes palestinos queriam um serviço memorial, no qual hasteariam a bandeira da Autoridade Palestina no Harvard Yard. A universidade recusou a permissão, sob o fundamento de permitir somente bandeiras de países serem hasteadas no mastro do Harvard Yard. Os estudantes palestinos vieram até mim, de forma a defender sua liberdade de expressão. Concordei em desafiar a política de Harvard. Contudo, avisei-os que, caso tivessem permissão para hastear a bandeira, eu estaria lá distribuindo panfletos, contando a verdade sobre o passado assassino de Arafat e como ele recusou uma generosa oferta de paz, que teria dado aos palestinos um Estado.

CAPÍTULO 1

Nós ganhamos. Eles hastearam a bandeira. E distribuí folhetos descrevendo a morte de Arafat como "inoportuna - porque, se ele tivesse morrido apenas cinco anos antes, os palestinos poderiam ter um Estado". A bandeira e os folhetos eram os símbolos perfeitos do mercado de ideias em Harvard.

Todos conhecemos a famosa advertência de Oliver Wendell Holmes sobre a liberdade de expressão não se estender a "gritar fogo", falsamente, em um teatro lotado. Essa pode muito bem ser a única analogia jurisprudencial com *status* de argumento popular. Um historiador proeminente caracterizou-a como "a expressão mais brilhantemente persuasiva, jamais vinda da pena de Holmes". Entretanto uma análise cuidadosa mostra que não é brilhante nem persuasiva. Ao contrário, a analogia entre gritar fogo e discurso político central é falsa, enganosa e insultuosa. O caso no qual Holmes utilizou essa analogia sustentou a condenação criminal de um oponente à Primeira Guerra Mundial, por distribuir panfletos políticos e tentar - sem sucesso, na maioria das vezes - persuadir os jovens a exercerem seu direito legal de se tornarem objetores conscientes. Isso é muito diferente da pessoa gritando "Fogo!" em um teatro lotado. Ela não está enviando uma mensagem política nem convidando seu ouvinte a pensar sobre o que disse e decidir o que fazer de maneira racional e calculada. Ao contrário, o grito de "fogo" é projetado para forçar a ação, *sem* contemplação. A mensagem "Fogo!" é direcionada não para a mente ou consciência do ouvinte, mas para sua adrenalina e seus pés. É um estímulo a uma *ação* imediata, não uma reflexão cuidadosa. É - como reconheceu o juiz Holmes, em sua frase subsequente - o equivalente funcional de "proferir palavras que possam ter todo o efeito de força".

Na verdade, a esse respeito, o grito de "Fogo!" não é nem mesmo discurso, em qualquer sentido significativo desse termo. É um som estridente - o equivalente a disparar um alarme não verbal. Se o juiz Holmes tivesse sido mais honesto sobre esse exemplo, teria dito que a liberdade de expressão não protege uma pessoa que acione um alarme de incêndio na ausência de incêndio. Mas isso teria sido, obviamente, irrelevante para o caso em questão. A proposição de que puxar um alarme não é uma fala protegida, certamente leva à conclusão de que gritar a palavra *fogo*, também não seja protegida. Entretanto isso não leva à conclusão, muito diferente, de que distribuir um folheto contra a guerra não esteja dentro da Primeira Emenda. A analogia central é o alarme não verbal, e o exemplo derivado é o grito verbal. Substituindo, habilmente, o grito derivado pelo alarme central, Holmes tornou possível fazer uma analogia de um conjunto de palavras com outro - como ele não poderia ter feito, caso tivesse começado com a proposição óbvia de que disparar um alarme não é liberdade de expressão.

A analogia é, portanto, não apenas inadequada mas também insultuosa. A maioria dos americanos não responde à retórica política com o mesmo tipo de aceitação automática, esperada de crianças em idade escolar respondendo a uma simulação de incêndio. A analogia mais apropriada seria alguém, em frente a um teatro, exortando as pessoas a não entrarem, porque acredita que pode haver risco de incêndio. Não gritando "fogo", mas dizendo: "Pode haver um incêndio se você entrar!". Contudo, Holmes não poderia invocar essa analogia, porque *esse* discurso - diferente de gritar "fogo" - é protegido pela Primeira Emenda.

Embora Holmes tenha ido longe demais em sua analogia do "gritando fogo", há outros exemplos que a maioria - mesmo os mais fortes defensores da liberdade de expressão - aceitaria como limitações. Essas incluem fazer ameaças de extorsão, oferecer subornos, concordar em conspirar para cometer um crime, revelar materiais devidamente confidenciais ou difamar alguém de forma maliciosa. Quanto a outras exceções, há um debate razoável. Isso inclui difamação em grupo, discurso de ódio e exibição de pornografia em áreas públicas.

Neste capítulo, não discutirei casos situados na fronteira da liberdade de expressão permissível. O foco será no discurso político e na defesa de interesses, sobre os quais a Suprema Corte tem sido praticamente unânime ao longo das décadas. É precisamente esse tipo de discurso político que extremistas, particularmente os da cultura do cancelamento, estão agora tentando censurar. Eles chamam de "discurso de ódio", entretanto o ódio está nos olhos de quem vê e, conforme decisão da Suprema Corte, o discurso de ódio está dentro da proteção central da Primeira Emenda.

Parte dessa censura ocorre em *campi* universitários privados, sendo, dessa forma, não regidos pela Primeira Emenda. Contudo, grande parte dela ocorre em universidades públicas, que são proibidas de restringir o discurso constitucionalmente protegido. Segundo alguns acadêmicos e estudantes de extrema esquerda, esse tipo de discurso político central deveria ser cancelado, em nome de valores "despertos", "progressistas" ou de "políticas de identidade". Eles buscam "ação afirmativa" para o discurso "sem privilégios" e "reação negativa" para o discurso de cidadãos privilegiados, especialmente homens brancos.

Um dos principais problemas desse novo esforço para justificar a censura por cancelamento é que ele nem mesmo se pretende neutro, tanto politicamente quanto em termos de conteúdo. Ele defende o cancelamento e a censura apenas do discurso de direita, conservador e contra o esquerdismo, enquanto exige total liberdade de expressão para uma defesa comparável, mesmo se odiosa, dirigida contra conservadores, direitistas e pessoas privilegiadas. A identidade do locutor é tão importante quanto o conteúdo do discurso, embora ambos estejam relacionados.

Essa nova abordagem de cancelamento e censura comete dois pecados capitais: primeiro, restringe a liberdade de expressão em geral; segundo, prefere - privilegia - alguns tipos de discurso em detrimento de outros. Ela aplica tudo, menos princípios neutros, em seu regime de cancelamento e censura porque seus defensores acreditam que a neutralidade, em face da desigualdade, seja um pecado e que a palavra deve ser livre, apenas para quem está do lado deles, e não para aqueles dos quais discordam - para mim, mas não para você. Eles violam o que chamei de teste do "círculo de civilidade".

O conceito do círculo da civilidade é um conceito que desenvolvi anos atrás, quando códigos de fala estavam sendo propostos para os *campi* universitários. Se tais códigos fossem adotados, argumentei, deveriam ser neutros em relação ao conteúdo e construir um círculo de discurso permissível, não baseado em conteúdo, mas em "externalidades" neutras. Tal abordagem pode limitar, ou proibir, os atos de gritar para impedir palestrantes de falarem, derrubar placas, e impedir ouvintes de terem acesso aos locais. Todas essas regras precisariam ser aplicadas igualmente, independentemente do conteúdo, ou das opiniões políticas dos palestrantes, ou dos perturbadores. Tal abordagem envolveria compromissos com o *primeiro* princípio importante da liberdade de expressão: que quase *toda* expressão deve ser permitida. Entretanto não deveria comprometer o *segundo* princípio da liberdade de expressão: se deve haver quaisquer restrições, elas devem ser neutras, tanto politicamente quanto com relação ao conteúdo.

As universidades às vezes procuram justificar o desconvite ou a recusa em convidar palestrantes polêmicos, especialmente conservadores, apontando para as despesas de fornecer a segurança necessária para proteger o palestrante, ou de controlar manifestantes violentos. E a despesa pode ser considerável. Porém negar ao palestrante sua plataforma não é a resposta certa. O orador não está incitando ou advogando a violência que requer o custo da segurança. O orador está exercendo um direito constitucional. O mesmo acontece com os membros da plateia, que vêm ouvir o palestrante, e também com os manifestantes pacíficos. Se os protestos permanecerem pacíficos, não haverá necessidade de segurança cara. Apenas a ameaça de protestos violentos - que não são protegidos pela Primeira Emenda - exige segurança cara. Portanto, o custo é atribuível aos manifestantes violentos, não ao orador não violento.

Além disso, cancelar um evento, com base no custo da segurança, incentiva o uso e a ameaça de violência como ferramenta de censura. Se os oponentes de um orador podem ter um discurso cancelado por ameaça de violência, criando a necessidade de segurança cara, isso se torna uma tática da extrema esquerda, que busca censura. Já estamos vendo evidências da implementação dessa tática[30].

Uma tática semelhante tem funcionado: a alegação dos alunos de que o palestrante os faz "se sentirem inseguros". Essa afirmação artificial aumentou dramaticamente, desde que as universidades começaram a levá-la a sério. Não estou falando sobre medos legítimos quanto à segurança física dos alunos. Não conheço nenhum orador que realmente represente tal perigo. Os alunos que afirmam "se sentir inseguros" se referiam a ideias, e não a armas. Entretanto ideias nunca são seguras nem deveriam ser, nos *campi* universitários. Alunos que estão, ou afirmam estar, assustados com ideias hostis devem criar cascas mais grossas, ou selecionar um local diferente para o aprendizado. Eles não devem ser autorizados a usar uma alegação de medo como arma para censurar pontos de vista que abominam. Essa tática de censura também é usada, principalmente, pela extrema esquerda, para censurar oradores da direita e do centro.

Considere o cancelamento do professor Ronald Sullivan e de sua esposa, como corretores da Winthrop House, no Harvard College, pelo "pecado" de representarem um polêmico réu criminal, Harvey Weinstein. Em 2019,

---

[30] MANGAN, Katherine. Security Costs Loom Larger in Campus Free-Speech Fights. A Lawsuit Shows Why. *The Chronicle of Higher Education*, [S. l.], p. 1-3, 30 ago. 2020. Disponível em: https://www.chronicle.com/article/security-costs-loom-larger-in-campus-free-speech-fights-a-lawsuit-shows-why/. Acesso em: 23 nov. 2021.

escrevi sobre o argumento dos alunos de que eles se sentiam inseguros com Sullivan como reitor.

Sentir-se "inseguro" é o novo mantra, do novo macarthismo. É um argumento totalmente falso, que não merece nenhuma consideração séria. Qualquer aluno que se sinta inseguro na presença de dois advogados ilustres não deveria estar em uma universidade. Deveria sair, e não forçar a demissão do professor. O "argumento inseguro" poderia ser usado contra um reitor gay, negro, muçulmano, judeu, republicano ou libertário. Nenhum crédito deveria ser dado ao argumento, especialmente porque os alunos, aparentemente, não se sentiram "inseguros" quando Sullivan estava representando um condenado por duplo assassinato.

Deixe-me agora descrever brevemente, e criticar, essa nova defesa acadêmica da censura seletiva, baseada no "despertar", na identidade e na ação afirmativa.

Já em 1965, Herbert Marcuse, professor da Brandeis - um neomarxista "progressista" -, defendeu a "supressão" de opiniões "regressivas":

> É possível definir a direção na qual as instituições políticas, e opiniões vigentes, precisariam ser mudadas, a fim de melhorar a chance de uma paz, que não seja idêntica à guerra fria, e um pouco de guerra quente, e uma satisfação de necessidades, que não se alimente de pobreza, opressão e exploração... Consequentemente, também é possível identificar políticas, opiniões e movimentos que promovam essa chance, e aqueles que fariam o contrário. A supressão dessas ideias regressivas é um pré-requisito para o fortalecimento daquelas ideias progressivas[31].

Marcuse estava errado: prevalecer sobre opiniões regressivas, no mercado de ideias, é o pré-requisito para o fortalecimento das progressistas. Os atuais críticos da liberdade de expressão para todos, incluindo os "regressivos", espelham a perspectiva "progressista" de Marcuse e a aplicam à liberdade de

---

[31] MARCUSE, Herbert. Repressive Tolerance. In: WOLFF, Robert Paul; MOORE JR., Barrington; MARACUSE, Herbert. A Critique of Pure Tolerance. *Boston: Beacon Press*, 1969. p. 95-137. Disponível em: https://www.marcuse.org/herbert/publications/1960s/1965-repressive-tolerance-fulltext.html. Acesso em: 23 nov. 2021.

expressão atual, bem como à liberdade acadêmica. Em um ensaio, amplamente discutido no *Harvard Crimson*, uma estudante pediu "justiça" acadêmica, ao invés de "liberdade":

> A obsessão liberal com a "liberdade acadêmica" parece um pouco inadequada para mim. Afinal, ninguém jamais tem "liberdade total" em pesquisa e publicação. Quais propostas de pesquisa recebem financiamento e quais artigos são aceitos para publicação são sempre contingentes a prioridades políticas. As palavras usadas para articular uma questão de pesquisa podem ter implicações em seu resultado. Nenhuma questão acadêmica está "livre" de realidades políticas. Se nossa comunidade universitária se opõe ao racismo, sexismo e heterossexismo, por que deveria tolerar pesquisas que vão contra nossos objetivos, simplesmente em nome da "liberdade acadêmica"?

Ao invés disso, a estudante defendeu o que chamou de padrão de "justiça". No entanto, gostaria de propor um padrão mais rigoroso:

> um de 'justiça acadêmica'. Quando uma comunidade acadêmica observa uma pesquisa promovendo, ou justificando, a opressão, ela deve garantir que essa pesquisa não continue.
>
> O poder de fazer cumprir a justiça acadêmica vem de alunos, professores e trabalhadores, organizando-se juntos, para fazer com que nossas universidades tenham a aparência que desejamos. Dois anos atrás, quando o antigo instrutor da escola de verão, Subramanian Swamy, publicou comentários odiosos sobre os muçulmanos na Índia, a comunidade de Harvard se organizou, de forma a garantir que não voltasse a ensinar no *campus*[32]. Considero

---

[32] Em um artigo na Vox, "Eu sou um professor liberal, e meus alunos liberais me aterrorizam", um professor de uma faculdade de médio porte escreveu como membros não efetivos do corpo docente evitarão dizer qualquer coisa que possa ser perturbadora para os alunos: "O mercado de trabalho acadêmico é brutal. Os professores que não são titulares ou membros efetivos do corpo docente não têm direito ao devido processo antes de serem demitidos e há uma longa fila de inscrições ansiosas para ocupar seu lugar. [E]les nem mesmo precisam ser formalmente despedidos - eles simplesmente podem não ser recontratados. Nesse tipo de ambiente, balançar o barco não é apenas perigoso, é suicídio, e então os professores limitam suas aulas a coisas que sabem que não incomodarão ninguém". SCHLOSSER, Edward. I'm a Liberal Professor And My Liberal

CAPÍTULO 1

esse tipo de organização apropriada, e recomendável. Talvez deva até ser aplicada de forma mais ampla. O professor de governo, Harvey Mansfield, tem o direito legal de publicar um livro no qual alega que "para resistir ao estupro, uma mulher precisa de [...] uma certa modéstia feminina?". Provavelmente. Eu acho que ele deveria fazer isso? Não, e eu ficaria feliz em me organizar com outras feministas no *campus*, de forma a impedi-lo de publicar mais comentários sexistas, sob a autoridade de um cargo de docente de Harvard. "Liberdade acadêmica" pode permitir a publicação de tal visão ofensiva de estupro; justiça acadêmica, não[33].

A política identitária também desempenha um papel na demanda por censura seletiva. O conceito de que uma ideia é dependente da identidade de quem fala - "a localização de alguém na cartografia política e social", como a professora Bettina Aptheker a chamou - se destaca entre os defensores da interseccionalidade, um movimento "progressista" que se tornou novamente proeminente entre as manifestações de 2020, após a morte de George Floyd. Como escreveu Brittney Cooper, professora da Rutgers, voz proeminente no Black Twitter:

> Antes de termos uma conversa sobre civilidade, regras básicas e liberdade de expressão, cabe a todos nós pensar sobre as posições de identidade, a partir das quais fazemos certas reivindicações. A personificação dos acadêmicos é central, e não incidental, para seu conhecimento - não uma restrição à liberdade acadêmica, mas um limite razoável nas reivindicações de objetividade e universalidade. Como uma mulher negra, cujas pesquisas são sobre as intelectuais negras que vieram antes de mim, nunca me entrego à fantasia do não investimento. Isso não significa que a distância acadêmica não importe. Importa. Porém, a autoridade acadêmica não facilita as experiências corporificadas e os

---

Students Terrify Me. *Vox*, [S. l.], p. 1-10, 3 jun. 2015. Disponível em: https://www.vox.com/2015/6/3/8706323/college-professor-afraid. Acesso em: 23 nov. 2021.

[33] KORN, Sandra Y. L. The Doctrine of Academic Freedom Let's give up on academic freedom in favor of justice. *The Harvard Crimson*, [S. l.], p. 1-3, 18 fev. 2014. Disponível em: https://www.thecrimson.com/column/the-red-line/article/2014/2/18/academic=-freedom-justice/?page-single. Acesso em: 23 nov. 2021.

investimentos sociais dos próprios pesquisadores, que produzem este trabalho. A liberdade acadêmica e a liberdade de expressão nunca são, primordialmente, sobre os direitos das pessoas com poder. São sempre sobre os direitos das pessoas que seriam silenciadas por quem tem mais poder institucional ou estrutural. Ter poderosos acadêmicos brancos alegando que grupos marginalizados - pessoas trans, negros - estão interferindo em sua liberdade acadêmica, perde a questão óbvia de que esses grupos contam com a liberdade de expressão para poder discordar de ideias prejudiciais, e resistir à sua disseminação. Essas disputas acadêmicas são sempre sobre quem tem o poder de moldar a produção do conhecimento. Portanto, devo estar sempre com aqueles que precisam lutar pelo direito de serem ouvidos[34].

Essas visões repressivas, defendidas por autoproclamados progressistas iriam, caso fossem amplamente aceitas e implementadas, sinalizar a morte da liberdade de expressão e da liberdade acadêmica, tanto para membros do corpo docente quanto para estudantes. O discurso "regressivo" de pessoas com identidades erradas seria censurado por "comitês de justiça", cujo papel seria distinguir o discurso e os oradores politicamente corretos dos politicamente incorretos. A liberdade de expressão para mim, mas não para você, se tornaria a regra progressista, inicialmente nos *campi* e, eventualmente, em instituições que venham a ser dominadas pelos estudantes progressistas de hoje, que se tornam os líderes repressivos de amanhã. Aqueles de nós, crentes na liberdade de expressão máxima para todos, devemos lutar contra essa mentalidade de censura. Não devemos tentar censurar quem cancelaria a liberdade de expressão "para você", porque os esforços para cancelar são, eles próprios, discurso protegido. Devemos oferecer melhores abordagens no mercado de ideias, como eu e outros tentamos fazer, em nossos livros, artigos e discursos.

---

[34] COOPER, Brittney. How Free Speech Works for White Academics. *The Chronicle of Higher Education*, [S. l.], p. 1-2, 16 nov. 2017. Disponível em: https://www.chronicle.com/article/how-free-speech-works-for-white-academics/. Acesso em: 23 nov. 2021.

capítulo 2

Capítulo 2

CANCELANDO O DEVIDO PROCESSO LEGAL E TRANSFORMANDO A "JUSTIÇA" CRIMINAL EM ARMA

A cultura do cancelamento é um ataque direto ao devido processo legal, pois cancela pessoas - algumas inocentes, algumas culpadas, algumas entre os dois - sem nenhuma aparência de qualquer processo para determinar a verdade. Isso é especialmente verdadeiro em *campi* universitários. Eles foram pressionados a eliminar qualquer aparência de devido processo legal, presunção de inocência, confronto de testemunhas ou confiança em evidências ao invés da identidade. Esse ataque ao estado de direito e às liberdades básicas é parte de um fenômeno mais amplo, que transformou nosso sistema de justiça em uma arma, de maneira a obter vantagens ideológicas e partidárias. Para entender completamente o ataque ao devido processo legal, no contexto da cultura de cancelamento, é importante ver o quão partidário nosso sistema de justiça se tornou nos últimos anos, e por que nossa estrutura constitucional não oferece proteção suficiente contra o uso da lei como arma partidária, especialmente o direito criminal.

Isso contrasta fortemente com os sistemas de justiça criminal na maioria das democracias ocidentais, os quais foram removidos da política partidária. Na Europa, Canadá, Austrália, Japão e Israel, promotores e juízes são nomeados - muitas vezes por especialistas não partidários - ao invés de eleitos, como o são em muitos de nossos estados.

Inevitavelmente, as eleições tornam-nos políticos, porque precisam aumentar as contribuições de campanha e concorrer em eleições frequentemente competitivas em linhas partidárias. Até mesmo os juízes federais, indicados pelo presidente e confirmados pelo Senado, fazem parte do sistema político partidário, como veremos no caso Michael Flynn. O presidente do tribunal, John Roberts, gosta de dizer que não há juízes ou líderes do Supremo republicanos ou democratas. Entretanto casos como *Bush vs. Gore*, decisivo para a eleição presidencial de 2000, por cinco votos a quatro em linhas partidárias, deixam claro: isso é mais uma aspiração do que uma realidade[35].

De fato, as campanhas presidenciais agora prometem preencher assentos judiciais com juízes ideológicos partidários. O Departamento de Justiça também foi acusado de partidarismo. Presidentes - de John F. Kennedy a Ronald Reagan, Barack Obama e Donald Trump - nomearam associados leais para esse importante papel. Bill Clinton foi uma exceção e lamentou o dia em que nomeou Janet Reno, pois não era leal.

Durante o julgamento de *impeachment* do presidente Bill Clinton (no qual consultei a equipe de defesa de Clinton), escrevi sobre a natureza esquizofrênica do Departamento de Justiça. Nosso procurador-geral, apontei, ao contrário de funcionários em outras democracias, desempenha o duplo papel de conselheiro político ao presidente e promotor-chefe. Isso produz conflitos de interesses inevitáveis.

Em outras democracias, as duas funções desempenhadas por nossos procuradores-gerais estão divididas. Há um cargo político, geralmente chamado de "Ministro da Justiça", cuja função é aconselhar o presidente ou primeiro-ministro e ser leal ao partido e à pessoa no poder. Há também um funcionário apolítico, geralmente chamado de "procurador-geral", ou "diretor do Ministério Público", sem lealdade para com o chefe de Estado em exercício ou seu partido, e cuja única responsabilidade é investigar e processar judicialmente, de maneira apartidária. Primeiros-ministros e presidentes foram derrubados (e mantidos) por tais promotores, sem qualquer aparência de impropriedade[36].

---

[35] Ver: DERSHOWITZ, Alan M. Supreme Injustice: How the High Court Hijacked Election 2000. *Oxford: Oxford University Press*, 2001.

[36] Veja Israel, onde o primeiro-ministro Ehud Olmert e o presidente Moshe Katsav foram condenados à prisão depois de serem processados pelo procurador-geral e pelo procurador do

CAPÍTULO 2

Nosso sistema de investigação e ação penal é único no mundo democrático. Politizamos o papel do Ministério Público, não só em nível federal mas em todos os nossos estados também. Em nenhum outro lugar os promotores (ou juízes) são eleitos. Na verdade, é impensável, na maior parte do mundo, que promotores se candidatem a cargos públicos, façam promessas de campanha e solicitem contribuições. Os promotores em outros países são funcionários públicos. Eles não acatam o desejo compreensível do povo de estar a salvo do crime nem fazem campanha prometendo "ser mais rígido com os crimes". (Nossa tendência para votar em tudo atingiu proporções ridículas na Flórida, onde até mesmo os "defensores públicos" devem se candidatar. Só posso imaginar como deve ser a campanha.) Porém, nos Estados Unidos, os promotores não são apenas eleitos, mas o trabalho é muitas vezes um trampolim para um cargo mais alto, como evidenciado pelo fato de que muitos senadores, congressistas e governadores, que antes exerceram a advocacia, serviram como promotores[37]. Mais recentemente, antigos promotores foram criticados por *não* terem sido duros o suficiente com policiais que tenham matado ou ferido indivíduos negros. Isso também politizou o papel do promotor.

A polarização da justiça vai além de promotores e juízes. Ela assumiu o controle de muitas universidades, empresas, mídia e outros processos, para determinar quem é cancelado. Como observou o juiz Louis Brandeis, há muitos anos: "O governo é o poderoso professor onipresente. Para o bem ou para o mal, ensina a todo o povo com o seu exemplo". Recentemente, nosso governo forneceu exemplos terríveis de injustiça generalizada, politização da justiça e partidarismo. Não deveria surpreender que esses exemplos tenham ensinado lições erradas a outras instituições.

Uma manifestação recente dos problemas causados pela politização da justiça e pela transformação da justiça criminal em arma, foi o estranho caso do antigo conselheiro de Segurança Nacional do presidente Trump, o general

---

Estado. KERSHNER, Isabel. Ehud Olmert, Ex-Prime Minister of Israel, Begins Prison Sentence. *The New York Times*, [S. l.], p. 1-4, 15 fev. 2016. Disponível em: https://www.nytimes.com/2016/02/16/world/middleeast/ehud-olmert-israel-prison.html. Acesso em: 23 nov. 2021; KERSHNER, Isabel. Ex-President of Israel Sentenced to Prison in Rape Case. *The New York Times*, [S. l.], p. 1-5, 22 mar. 2011. Disponível em: https://www.nytimes.com/2011/03/23/world/middleeast/23katsav.html. Acesso em: 23 nov. 2021.

[37] Uma exceção marcante é Joe Biden, que era defensor público.

Michael Flynn. Ele foi acusado de cometer perjúrio ao negar ter se encontrado com um diplomata russo específico. O FBI gravou a reunião. Portanto, não havia dúvida de que ela havia ocorrido. Logo após o caso ter sido resolvido pela primeira vez, argumentei que ele tinha uma forte defesa para essa acusação: suas mentiras não eram materiais, porque o FBI o questionou com um propósito ilegítimo: para dar-lhe a oportunidade de mentir, ao invés de obter informações, as quais já tinha.

Uma das questões importantes levantadas pelo caso Flynn é se uma mentira pode ser material, uma vez que o FBI já tinha evidências incontestáveis da resposta verdadeira e fez a pergunta com o único propósito de lhe dar a oportunidade de mentir.

Como libertário civil, acredito que a resposta deveria ser "Não". A função apropriada de um interrogatório do FBI, ou de grande júri, é obter informações que eles ainda não tenham. Não é criar um novo crime, dando ao suspeito a oportunidade de passar, ou falhar, em um teste de moralidade, com consequências criminais. Relacionada à materialidade está a alegação de que um suspeito não pode ser condenado, se a pergunta não estiver dentro da função adequada da agência policial que a formulou.

Meu argumento foi avaliado segundo as linhas partidárias: libertários civis, normalmente simpáticos, colocaram suas lealdades partidárias acima de seus princípios e atacaram meu argumento. Alguns fanáticos da acusação apoiaram meu argumento, porque ajudou seu partido.

Minha posição foi criticada pelos partidários democratas como sendo desprovida de qualquer base jurídica. O influente *blog* jurídico *Above the Law* escreveu um artigo, intitulado "Dershowitz inventa um novo padrão de materialidade para proteger amigos de Trump". Nele, o blogueiro opinou: "a materialidade não exige que os investigadores confiem no depoimento falso. Isso não é apenas bem estabelecido, mas a interpretação de Dershowitz também seria um padrão notavelmente estúpido". Outros ecoaram esses ataques *ad hominem*.

Bem, acontece que o problema não está "bem resolvido". Nem eu o inventei, embora o tenha usado anos atrás, para ajudar a vencer um caso envolvendo um construtor. Ele negou ter pagado suborno a um inspetor de construção, que gravou o suborno. Na verdade, dois tribunais influentes - o Tribunal de Apelações de Nova York, na opinião de um dos mais ilustres juristas do século XX, e o tribunal distrital de D.C. - apoiaram minha interpretação. (Libertários

CAPÍTULO 2

civis verdadeiros devem se preocupar com o que a lei e a política devem ser, independentemente de haver um precedente.)

A lógica desses dois tribunais é quase idêntica à lógica do meu argumento.

Em *The People vs. Tyler*, o juiz-chefe do tribunal de Nova York, Charles Breitel, reverteu a condenação por perjúrio de um ex-funcionário público, que mentiu sobre sua conexão com um apostador conhecido. O tribunal reverteu a condenação por perjúrio, sustentando:

> A principal função do Grande Júri é descobrir crimes e má conduta em cargos públicos, para fins de acusação [...]. Entretanto, não é propriamente um objetivo principal do Grande Júri "criar" novos crimes no curso de seus procedimentos. Assim, quando um promotor não demonstra interesse palpável em extrair fatos relevantes para uma investigação substantiva de crime, ou má conduta oficial, e adapta substancialmente seu questionamento, de forma a extrair uma resposta falsa, uma acusação de perjúrio válida não deve existir.

O tribunal de apelações citou um caso de tribunal distrital em D.C., o qual considerou que interpretar a "materialidade" de forma mais ampla não serviria a nenhum propósito legislativo adequado. Em *U.S. vs. Icardi, 140 F. Supp. 383*, o tribunal considerou que se "o comitê não está perseguindo um propósito legislativo de boa-fé, ao obter o depoimento de qualquer testemunha, não está agindo como um 'tribunal competente' [...] [e] extrair um testemunho, com vistas a uma acusação por perjúrio, [não] é um propósito legislativo válido".

Certamente, há diferenças - como sempre há - entre esses casos e o caso Flynn. Entretanto a lógica das decisões anteriores é aplicável ao caso Flynn: a saber, que uma mentira não é crime, exceto quando for material, e em resposta a uma questão dentro da função apropriada do questionador - e não é função apropriada de agentes da lei fazer perguntas, com o objetivo de dar ao suspeito a oportunidade de mentir. Um juiz deve instruir um júri de que não pode declarar um réu culpado, a menos que conclua, além de uma dúvida razoável, que a mentira tenha sido material.

Pode-se discordar razoavelmente sobre essas questões, e estou pronto para debater qual é a melhor visão da liberdade civil. O que não é aceitável é que, quando eu fazia argumentos jurídicos apoiando os republicanos, minha crítica não era recebida com contra-argumentos considerados, mas com ataques *ad hominem* e falsas alegações de seguir alguma narrativa da equipe Trump. (Na verdade fui eu, não a equipe jurídica de Trump, quem primeiro articulou esse argumento.)

Essas mesmas pessoas que me criticaram me chamariam de herói, caso a eleição de 2016 tivesse sido diferente, e esta fosse a presidente Hillary Clinton sendo investigada. Eles aplaudiriam minha criatividade no interesse das liberdades civis, ao invés de me condenarem por inventar um novo argumento.

É simplesmente errado, e perigoso, equiparar a crítica da liberdade civil do FBI e promotores ao apoio a Donald Trump.

Minha opinião sobre a má conduta do Ministério Público é a mesma há cinquenta anos. Sou um democrata liberal, defensor das liberdades civis. Como tal, critico - e continuarei a criticar - a má conduta do governo, independentemente de ajudar os republicanos ou democratas, o presidente Trump ou seus oponentes.

Ser honesto em princípios e intelectualmente significa que, às vezes, suas posições podem entrar em conflito com suas preferências partidárias. Entretanto, para a maioria dos meus críticos, parece que o partidarismo supera seu "compromisso de tempo bom" com as liberdades civis.

Finalmente, o procurador-geral William Barr encerrou o caso contra Flynn, em parte, com base nos argumentos articulados por mim. Em seguida, argumentei que os princípios por trás desse encerramento correto deveriam agora ser aplicados a todas as situações e réus semelhantes, independentemente das filiações partidárias:

> Se esses princípios fossem persuasivos o suficiente para justificar uma ação nesse caso, eles não podem ser legitimamente limitados a um caso de alto perfil, sem apoiar a acusação, mesmo que falsa, de que a política poderia ter desempenhado um papel para Flynn. O Departamento de Justiça não deve ser apenas justo. Deve também parecer justo aos seus cidadãos.

A rejeição de Barr das acusações contra Flynn levou a um grande confronto entre o juiz e o Departamento de Justiça, no qual o juiz - Emmet Sullivan - se recusou a encerrar o caso, apesar da decisão do Departamento de Justiça de fazê-lo.

CAPÍTULO 2

Critiquei a intervenção do juiz nas páginas do *Wall Street Journal*[38], argumentando que a Constituição limita a jurisdição dos juízes federais a casos reais e controvérsias. Não podem emitir pareceres consultivos, ou interferir nos poderes executivo ou legislativo, salvo quando os demais poderes os tenham exercido de forma inconstitucional. Os juízes federais são árbitros, que decidem questões sobre as quais os litigantes discordam. Se os litigantes chegarem a um acordo, não haverá controvérsia. O caso acabou.

Muitos juízes desaprovam essa limitação a seu poder. Não gostando de serem árbitros, querem ser comissários de beisebol. Assim, os tribunais se arrogaram poderes explicitamente negados pela Constituição. Inventaram exceções para se darem jurisdição sobre casos nos quais não haja mais controvérsia entre os litigantes.

Apenas o executivo tem autoridade para processar ou não. Implícito nesse poder exclusivo está o único critério para decidir se desiste de uma acusação, mesmo se, como nesse caso, o tribunal tiver aceitado a confissão de culpa do réu. Uma vez que os promotores tenham concordado com o réu a respeito do arquivamento do caso, o tribunal perde sua autoridade constitucional para fazer qualquer coisa, exceto formalizar uma ordem encerrando o caso, porque não há mais nenhuma controvérsia para ele decidir. Há jurisprudência e uma regra de procedimento escrita por um juiz, apoiando a ordem do juiz Sullivan, mas isso não a torna constitucional.

Os juízes federais não têm "comissões itinerantes", como disse a juíza Ruth Bader Ginsburg[39], para fazer justiça como acharem adequado. O papel do juiz Sullivan não inclui convidar estranhos sem legitimidade, ou interesse reconhecível no caso, para aconselhá-lo sobre como decidir um assunto, sobre o qual ele não tem jurisdição constitucional. Pessoas de fora podem escrever artigos criticando a decisão de encerrar o caso. O Congresso pode realizar audiências. Professores podem conduzir seminários, ou assinar cartas abertas. Entretanto, os juízes não devem transformar tribunais em plataformas políticas, a partir das quais os partidários possam expor suas críticas à administração.

---

[38] DERSHOWITZ, Alan D. Judges Are Umpires Not Ringmasters. *The Wall Street Journal*, [S. l.], p. 1-5, 13 maio 2020. Disponível em: https://www.wsj.com/articles/judges-are-umpires-not-ringmasters-11589387368. Acesso em: 23 nov. 2021.
[39] SHELBY County *vs.* Holder, 570 U.S. 529. *Library of Congress*, [S. l.], p. 581, 4 fev. 2013. Disponível em: https://www.loc.gov/item/usrep570529/. Acesso em: 24 nov. 2021.

O governo se opôs ao espetáculo que o juiz Sullivan decidiu produzir em seu tribunal, porque a decisão de se intrometer em uma não controvérsia entre o promotor e o réu vai além do caso Flynn. Arrisca-se a abrir um precedente que enfraqueceria a separação de poderes, ao usurpar o poder de decidir processar ou não, atribuído explicitamente pela Constituição ao Executivo. O Tribunal de Apelações dos Estados Unidos enviou o caso de volta ao juiz Sullivan, indicando que sua decisão pode ser apelada[40].

Como o juiz Louis Brandeis nos lembrou, ao propor regras de restrição ao poder judiciário: "Um ramo do governo não pode invadir o domínio de outro, sem perigo". O próprio estado de direito está sendo ameaçado, tanto pela polarização quanto pelo uso do sistema de justiça criminal como arma para fins partidários e ideológicos.

Cito extensamente o caso Flynn porque é um dos muitos que representam a tendência em direção à justiça partidária, em todas as áreas de controvérsia, bem como a tendência de afastamento do devido processo legal e em direção a uma abordagem fins-justificam-os-meios. Essa tendência é mais pronunciada em *campi* universitários, onde o devido processo legal é atacado, como se fosse uma arma criada pelos privilegiados contra os marginalizados[41].

Cancelar o devido processo legal no interesse de alcançar os resultados desejados - seja em um caso específico, como parte de uma cultura de cancelamento mais ampla, ou como um reflexo da utilização da justiça como arma partidária - coloca em risco a liberdade de todos os americanos. O estado de direito e a justiça básica exigem que, quando houver uma acusação, haja um processo para a resolução de disputas. Esse é o jeito americano. Porém, não é o jeito da cultura do cancelamento.

---

[40] MARIMOW, Ann E.; HSU, Spencer S. Michael Flynn Case Does Not Have To Be Immediately Dismissed, Appeals Court Rules. *The Washington Post*, [S. l.], p. 1-2, 31 ago. 2020. Disponível em: https://www.washingtonpost.com/local/legal-issues/appeals-court-michael-flynn/2020/08/31/24ce93f0-e0b1-11ea-b69b-64f7b0477ed4_story.html. Acesso em: 23 nov. 2021.

[41] Como diz um livro de casos sobre psicologia comunitária: "As ferramentas de opressão costumam ser disfarçadas ou ocultas como privilégios". PALMER, Geraldine L. *et al.* Opression and Power. In: JASON, Leonard A.; GLANTSMAN, Olya; O'BRIEN, Jack F.; RAMIAN, Kaitlyn N. (ed.). *Introduction to Community Psychology*. [S. l.]: Rebus Community, 2019. cap. 9. Disponível em: https://press.rebus.community/introductiontocommunitypsychology/chapter/oppression-and-power/. Acesso em: 23 nov. 2021.

capítulo 3

Capítulo 3

TRIBUNAL DA CULTURA DO CANCELAMENTO

Porque a cultura do cancelamento de hoje, ao contrário do macarthismo e do stalinismo, não tem o aval oficial do governo, vítimas falsamente canceladas raramente têm acesso ao sistema judicial americano. Em um número limitado de casos, pode haver direitos contratuais, o direito de processar por difamação ou o direito de arbitrar queixas. Entretanto, na maioria das vezes, como o cancelamento é feito informalmente por fontes privadas, e muitas vezes anônimas, não há reparação legal. Isso é especialmente verdadeiro quando as acusações envolvem alegações de abuso sexual, muitas vezes com muitos anos de idade.

Há uma conexão estreita entre a cultura do cancelamento e o movimento #MeToo, porque muitos, se não a maioria dos cancelamentos, resultam de acusações de má conduta sexual. Algumas dessas acusações envolvem encontros entre pessoas, que podem ou não ter sido consensuais. Às vezes, isso é uma questão de grau e percepção, ao invés de fato concreto e objetivo. Além disso, os critérios do que constitui contato sexual permissível *versus* não permissível mudaram com o tempo. Em alguns casos, como o meu, não há questão de grau, contexto sutil, ou critérios de mudança. É simplesmente uma questão de verdade absoluta *versus* falsidade absoluta. Meu caso é preto e branco: minha acusadora jura ter feito sexo comigo em seis ou sete ocasiões, e eu juro que nunca a conheci. Não há dúvida, confusão ou engano. Um de nós é uma vítima, o outro é um perjuro. Há verdade de um lado e falsidade do outro. Mesmo assim, existem barreiras para a resolução judicial de tais conflitos. De acordo com a lei atual, uma pessoa pode acusar falsamente outra dos crimes mais hediondos e estar a salvo de processos por difamação, bastando fazê-lo em documentos judiciais, ou outros documentos protegidos judicialmente, mesmo que a mídia então os divulgue. Se a pessoa acusada negar publicamente a falsa acusação na mídia, ela não estará protegida de um processo por difamação. Essa absurda e perigosa doutrina jurídica incentiva a apresentação de falsas acusações em documentos judiciais, com fins lucrativos ou vingativos. E os leitores tendem a acreditar no conteúdo dos documentos judiciais, acreditando, falsamente, que têm o aval do judiciário. O juiz José Cabranes expôs essa falácia em uma importante decisão da Corte de Apelações dos Estados Unidos para o Segundo Circuito, em um caso apresentado por mim:

> Os materiais enviados pelas partes a um tribunal devem ser entendidos pelo que são. Eles não refletem as conclusões do próprio tribunal. Ao invés disso, são preparados pelas partes, na busca de defenderem seus próprios interesses em um processo adversário. Embora declarações e depoimentos sejam oferecidos "sob pena de perjúrio", é, na verdade, extremamente raro alguém ser processado por perjúrio em um processo civil[42].
>
> [...]
>
> Além disso, os processos judiciais são, em alguns aspectos, particularmente suscetíveis à fraude. Embora a ameaça de ações de difamação possa impedir falsidades maliciosas em publicações padrão, essa ameaça é inexistente com relação a certos processos judiciais. Isso ocorre porque, de acordo com a lei de Nova Iorque [e a lei da maioria dos outros estados], "existe imunidade absoluta de responsabilidade por difamação, para declarações orais ou escritas feitas… em conexão com um processo, perante um tribunal". Assim, embora o ato de apresentar um documento a um tribunal possa ser considerado uma entrega adicional de credibilidade ao mesmo, alegações que aparecem em tais

---

[42] Ghislaine Maxwell é uma das poucas pessoas indiciadas por mentir em um depoimento. Uma das razões para essa anomalia é que os promotores decidiram não a indiciar por supostamente ter vitimizado minha acusadora, cujo testemunho eles têm boas razões para desacreditar.

documentos *podem ser menos dignas de confiança* do que aquelas publicadas em outros lugares.

[...]

[A] mídia presta um profundo desserviço ao público ao relatar as alegações das partes de maneira acrítica. [...] Mesmo leitores normalmente críticos podem considerar a referência a "documentos judiciais" como algum tipo de marca de confiabilidade. *Isso seria um erro.*

Portanto, instamos a mídia a exercer moderação, na cobertura de alegações potencialmente difamatórias, e alertamos o público a ler esses relatos com discernimento[43].

Entretanto a mídia raramente exerce contenção ao informar sobre acusações lascivas, feitas em jornais registrados. Nem a cultura do cancelamento dá ouvidos à sábia cautela do juiz Cabranes quando eles cancelam pessoas com base em meras acusações que aparecem em processos judiciais.

Por causa do poder da cultura do cancelamento e da falta de poder daqueles falsamente cancelados, estou propondo a criação de um tribunal da cultura de cancelamento. Este tribunal pode ser estabelecido pela Ordem dos Advogados, organizações de mídia ou outros grupos confiáveis, interessados, na verdade. O papel do tribunal iria além de acusações sexuais e cobriria qualquer coisa que resultasse em cancelamento. Contudo seu uso principal seria, provavelmente, na resolução de acusações discutíveis de má conduta sexual, por causa da estreita conexão entre a cultura do cancelamento e o movimento #MeToo.

O movimento #MeToo faz muito bem quando expõe homens predatórios, que cometeram agressões sexuais contra mulheres inocentes. Entretanto, como acontece com todos os movimentos, às vezes falha em separar o culpado do inocente. Não há predisposição genética para as mulheres dizerem a verdade, nem para os homens mentirem. Ambos os sexos incluem pessoas que fazem as duas coisas, embora a maioria das mulheres que acusa homens provavelmente esteja dizendo a verdade. Entretanto e aqueles poucos homens falsamente

---

[43] BROWN *vs.* Maxwell, No. 18-2868 (2d Cir.). *Justia: US Supreme Court*, [S. l.], p. 21-24, 2019. Disponível em: https://law.justia.com/cases/federal/appellate-courts/ca2/18-2868/18-2868-2019-07-03.html. Acesso em: 24 nov. 2021. (ênfase adicionada)

acusados por mulheres, que exploram o movimento #MeToo para obter lucro, vingança, ou por outros motivos malignos? Como disse o filósofo Eric Hoffer: "Toda grande causa começa como um movimento, torna-se um negócio e, por fim, degenera em uma extorsão". É importante nos assegurarmos de que a causa #MeToo continue sendo um movimento e não seja transformada em extorsão por falsos acusadores e seus advogados, em busca de dinheiro rápido.

No momento, não há como um homem falsamente acusado ser inocentado, a não ser que entre com uma ação judicial, a um custo potencial de milhões de dólares. Consequentemente, a maioria das vítimas inocentes dos falsos acusadores #MeToo não tem recurso, exceto para negar, o que o tribunal da opinião pública geralmente ignora. Deve haver um mecanismo para pessoas inocentes falsamente acusadas demonstrarem sua inocência, sem precisarem hipotecar suas casas ou esvaziar suas contas de aposentadoria.

Portanto, proponho que partidários do movimento #MeToo se juntem a mim, na defesa da criação de um tribunal informal, composto por ilustres ex-juízes, promotores e advogados de defesa, perante os quais qualquer pessoa que se diga vítima de falsa acusação possa apresentar seu caso. O acusador não poderia, é claro, ser compelido a participar do minijulgamento de um dia, a ser conduzido por esse tribunal. Porém, caso o acusador se recusasse, o tribunal poderia levar esse fato em consideração ao proferir sua sentença.

Idealmente, ambos os lados seriam representados. Cada um apresentaria, em cerca de quatro horas, as principais evidências de apoio às suas afirmações. Três veredictos possíveis poderiam ser dados: culpado, inocente ou inconclusivo. O veredicto não seria vinculativo a nenhum lugar, exceto ao tribunal da opinião pública, onde a mídia noticiaria o resultado.

Se tal tribunal fosse estabelecido, eu seria o primeiro demandante. Duvido que minha acusadora aparecesse, mas eu teria a oportunidade de apresentar minhas provas, até agora enterradas pela mídia. Posso provar que nunca a conheci, por seus próprios *e-mails*, manuscritos e várias conversas gravadas com sua melhor amiga e advogado. Expus meu caso em meu livro, *Guilt by Accusation: The Challenge of Proving Innocence in the Age of #MeToo* [Culpa por Acusação: O Desafio de Provar Inocência na Era de #MeToo] (disponível gratuitamente no Kindle). Entretanto, apesar da evidência esmagadora de minha inocência e da falta de qualquer evidência corroborando a acusação de minha acusadora, a mídia continua a apresentá-la como confiável.

CAPÍTULO 3

A Netflix, por exemplo, a apresentou em uma série de documentários em quatro partes. Forneci à Netflix todas as minhas evidências - incluindo seus *e-mails*, manuscritos e gravações - e eles prometeram mostrá-las na série, de forma a "contar os dois lados completos da história", e apresentar uma imagem equilibrada, permitindo aos espectadores avaliarem sua credibilidade. Entretanto a Netflix quebrou sua promessa e apresentou a acusadora como uma testemunha totalmente confiável, suprimindo todas as evidências de sua falta de credibilidade.

Um exemplo simples, além de seus próprios *e-mails* provando que ela nunca me conheceu, demonstra a injustiça da mídia: minha acusadora acusou o ex-vice-presidente Al Gore e sua então esposa, Tipper, de socializarem com Jeffrey Epstein em sua famosa ilha. Em troca de US$ 160.000, ela inventou essa história falsa para um tabloide britânico. Ele a publicou, sem verificar com os Gore. Caso a Netflix tivesse verificado, teria descoberto - como eu descobri - que os Gore nem conheciam Epstein e nunca haviam estado em sua ilha. A mídia deveria ter destacado esse fato como um dado importante na avaliação de sua credibilidade. Um tribunal da cultura de cancelamento ou #MeToo ouviria essas informações, bem como os outros documentos e gravações enterrados pela mídia.

Outro exemplo da relutância da mídia em estragar uma história obscena, ao verificar se ela é verdadeira, envolveu a entrevista, por um diretor da Netflix, de um homem chamado Steve Scully. Ele trabalhou na ilha de Jeffrey Epstein até 2005, e descreveu, vividamente, uma cena testemunhada pessoalmente em 2004, na qual o príncipe Andrew se envolveu em "preliminares" com Virginia Giuffre, minha falsa acusadora, que estava de *topless* perto da piscina. Uma alegação séria, facilmente verificável, caso a Netflix tivesse perguntado à Giuffre, uma figura central na série, se é verdadeira. Caso tivessem feito isso, ela teria dito a eles que, em 2004, quando Scully afirmou ter visto os dois juntos na ilha, ela estava casada, morando na Austrália e tendo filhos. Ela havia deixado Epstein e os Estados Unidos em 2002, e não poderia estar na ilha quando Scully afirmou que a viu com o príncipe Andrew. Então, ou a Netflix não se preocupou em perguntar à Giuffre se a acusação era verdadeira, ou eles perguntaram a ela, e ignoraram sua resposta.

Por que jornalismo tão irresponsável? Porque revelar a verdade - que há contradições flagrantes nos relatos de suas principais "testemunhas" - minaria a credibilidade de sua narrativa unilateral.

Essa abordagem de má qualidade da verdade é típica de toda a série e, especialmente, dos relatos de suas duas principais testemunhas "sobreviventes", Virginia Giuffre e Sarah Ransome. Ambas possuem longos, e documentados, históricos de falsas acusações de figuras públicas proeminentes, por dinheiro. A Netflix fez de tudo para suprimir esses históricos de falsas acusações mentirosas, embora ambas as testemunhas tenham admitido "inventar", exagerar, distorcer e mentir, abertamente, sobre suas histórias e acusações. Entretanto você não saberia disso ao assistir às entrevistas seletivamente editadas na série.

Considere Sarah Ransome, apresentada pela Netflix como uma pessoa confiável, apesar do conhecimento do diretor de que Ransome admitiu ter feito acusações falsas contra Hillary Clinton e outros funcionários públicos proeminentes.

Ransome diz ter conhecido Jeffrey Epstein quando ela tinha 22 anos. Anos depois, durante a corrida para a eleição de 2016, ela decidiu ir a público, porque acreditava que ambos os candidatos - Hillary Clinton e Donald Trump - eram "pedófilos", corruptamente associados a Epstein. Ela escreveu uma série de *e-mails* para uma jornalista do *New York Post* chamada Maureen Callahan, nos quais afirmava ter fitas de sexo de Hillary Clinton, Donald Trump, Bill Clinton, Richard Branson e outras figuras públicas. Quando Callahan pediu que mostrasse as fitas, ela disse que as havia enviado à Europa para protegê-las, porque Hillary Clinton havia providenciado para que a CIA a matasse, e ela estava sob a proteção da KGB. Ransome instou Callahan a publicar os *e-mails* contendo essas alegações bizarras. Callahan, porém, recusou, considerando-a não confiável. Por fim, Ransome admitiu para uma repórter chamada Connie Bruck, do *The New Yorker*, ter "inventado" - palavra dela - essas acusações falsas e que não havia fitas de sexo. Ela simplesmente inventou toda a história.

A Netflix estava ciente de todo esse episódio sórdido. Entretanto eles a colocaram como uma fonte confiável, sem revelar aos telespectadores a evidência indiscutível de que ela era uma mentirosa confessa, em cuja palavra não se podia confiar. Mesmo que a Netflix acreditasse em partes de sua história, eles tinham a obrigação de dar a seus espectadores a evidência documentada de suas mentiras, de forma que pudessem julgar por si mesmos se acreditavam nela. Ao invés disso, eles a suprimiram deliberadamente.

Sei que a Netflix tinha a evidência das mentiras admitidas por Ransome, porque a entreguei a eles, que prometeram usá-la. Entretanto eles

CAPÍTULO 3

censuraram, deliberadamente, as partes da minha entrevista nas quais apresentei a evidência da falta de credibilidade dela, precisamente porque não queriam que seus espectadores soubessem a verdade sobre a história de mentiras de Ransome.

Um tribunal da cultura de cancelamento ou #MeToo daria credibilidade ao movimento. Também poderia ser invocado por acusadores, quando os acusados negam acusações. Os acusadores apresentariam suas provas ao tribunal e convidariam o acusado a contestá-las. Se o acusado recusasse, o tribunal poderia considerar isso em sua avaliação.

Considere a acusação levantada contra Joe Biden por Tara Reade, que mais uma vez gerou o mantra sexista de "acredite nas mulheres" (dessa vez, em grande parte, pelos republicanos), como se um gênero fosse biologicamente dotado de um gene da verdade, e o outro de um gene da mentira. Não há absolutamente nenhuma base na ciência, moralidade, experiência ou lei para esse viés[44]. Não é diferente de dizer "acredite nos judeus", "acredite nos gays", "acredite nos democratas" ou "acredite nos advogados". Generalizar sobre qualquer grupo, sem base empírica, é preconceito puro e simples. Aqueles que afirmam que "acreditar nas mulheres" não é preconceituoso, por ser um atributo positivo e não negativo, estão simplesmente brincando com um jogo de palavras. O corolário necessário de "acredite nas mulheres" é "não acredite nos homens que negam acusações de mulheres".

No Sul Profundo dos Estados Unidos, durante a era Jim Crow, os promotores discutiam e os juízes instruíam os jurados que testemunhas brancas eram mais verossímeis do que testemunhas negras. Essas declarações oficiais eram, em grande parte, desnecessárias, porque muitos dos membros de júris compostos exclusivamente de brancos já acreditavam naquela mentira branca maligna. Como essa mentira - de que as mulheres são mais críveis do que os homens - é diferente?

Vários motivos são apresentados, nenhum dos quais resiste a uma análise crítica. A primeira é na forma de uma pergunta: por que uma mulher

---

[44] De maneira hipócrita, a extrema-esquerda protesta, compreensivelmente, quando as pessoas especulam sobre explicações genéticas para haver menos mulheres nas STEM, mas não quando são oferecidas explicações genéticas sobre por que mulheres não mentem. Isso me lembra o gracejo de Andrew Sullivan: "Para a esquerda, tudo é determinado pelo ambiente, exceto os gays, que são totalmente determinados pela genética; para a direita, tudo é determinado pela genética, exceto os gays".

mentiria sobre ser abusada sexualmente? Fazer uma acusação é doloroso e perigoso. Uma falsa acusadora pode ser processada por perjúrio ou por fazer uma denúncia falsa. Suas reputações serão destruídas, sua credibilidade, desafiada e sua privacidade, violada. Tudo isso pode ser verdade, mas é insuficiente para deter uma falsa acusadora que enxerga um pote de ouro no final de sua provação. Desde o início do movimento #MeToo, milhões de dólares foram pagos a acusadoras. Tenho certeza de que a maioria dessas acusações é verdadeira, mas provavelmente pelo menos algumas são falsas. Segundo um ex-aluno meu, que exerce a advocacia em Hollywood, acusar pessoas famosas discretamente e exigir dinheiro pelo silêncio tornou-se uma indústria. Mesmo estrelas falsamente acusadas tendem a pagar pelo silêncio de seus acusadores ao invés de ter a falsa acusação estampada em toda a mídia. Estou pessoalmente ciente de vários pagamentos feitos a falsos acusadores.

Pode haver outras motivações além do dinheiro, incluindo vingança, vantagem político-partidária ou imitação do #MeToo. A questão é que não há apenas *custos* para fazer uma acusação: também pode haver *benefícios*. Portanto, o argumento de que nenhuma mulher jamais acusaria um homem de agressão sexual, a menos que fosse verdade, é um absurdo evidente. Além disso, alguns dos "custos" são ilusórios. Mulheres que acusam falsamente homens raramente são processadas por perjúrio, como seus advogados certamente as informam. Mesmo as falsas acusadoras são frequentemente celebradas por feministas radicais[45].

O segundo argumento é que, segundo as estatísticas, existem pouquíssimas acusações falsas. Entretanto, como podem as estatísticas *provar* a verdade de uma dada acusação, a menos que o homem confesse, ou se a evidência for conclusiva? Só porque uma acusação resulta em uma condenação não a torna verdadeira, especialmente hoje, quando as cartas estão pesadamente contra os acusados. Na época em que as condenações eram raras, porque não se acreditava nas mulheres, uma absolvição não provaria a falsidade da acusação. Assim

---

[45] Veja, por exemplo, a reverência dada à cantora Kesha, cuja música "Praying" se tornou um hino do movimento #MeToo. Kesha havia alegado que seu produtor, dr. Luke, a tinha agredido verbal e sexualmente. Ela também alegou que dr. Luke havia estuprado Katy Perry, o que Perry e o dr. Luke negaram. Dr. Luke processou Kesha de volta por quebra de contrato e difamação, e venceu em ambas as instâncias. Antes da batalha legal, Kesha havia dito sob juramento que o dr. Luke nunca a havia agredido ou drogado.

CAPÍTULO 3

também é hoje: uma condenação não prova que é verdade. Não podemos saber ao certo quantas acusações são verdadeiras e quantas são falsas. Sabemos que o número de acusações falsas, infundadas e questionáveis está longe de ser trivial. Considere, novamente, a acusação feita contra mim. Embora minha acusadora tenha, essencialmente, admitido - em *e-mails* e um manuscrito - que nunca me conheceu, e apesar do fato de seu próprio advogado ter reconhecido em uma gravação que ela está "errada... simplesmente errada" ao me acusar, sua acusação não será contada entre as falsas. Tampouco é provável que ela seja processada por perjúrio, embora devesse ser. Quando mulheres como Virginia Giuffre e Sarah Ransome inventam e publicam acusações comprovadamente falsas por dinheiro, elas não apenas ferem aqueles a quem acusaram falsamente, mas também ferem vítimas reais de abuso sexual, lançando dúvidas imerecidas sobre relatos verdadeiros.

O último argumento é que as mulheres de hoje *merecem* ser acreditadas, porque muitas mulheres no passado não o foram. O esforço para introduzir "ações afirmativas" no sistema de justiça criminal é imoral e ilegal. Não se deve pedir aos réus inocentes de hoje que paguem o preço pelos réus culpados de ontem.

Todo homem ou mulher de boa vontade deveria se interessar pela verdade, especialmente no contexto de acusações graves de má conduta sexual, ou outras más condutas graves. Não há nenhuma desvantagem em criar tal tribunal e dar a ambos os lados a oportunidade de apresentarem suas versões da verdade. Isso ajudará o inocente, ferirá o culpado e encorajará acusações verdadeiras. É uma situação em que todos ganham.

capítulo 4

Capítulo 4

O EFEITO DA CULTURA DO CANCELAMENTO REESCREVENDO A HISTÓRIA E A REALIDADE

O esforço da cultura do cancelamento para reescrever a história, não como ela era, mas como eles gostariam que fosse, manifesta-se mais diretamente pela demolição de estátuas, pela renomeação de edifícios e pelo cancelamento de figuras históricas com um currículo misto de bom e mau. Claro, todas as figuras históricas têm fichas mistas, pelo menos até certo ponto. Além das figuras religiosas, sobre as quais a história pouco sabe, todos os heróis têm pés de barro, e todos os líderes do passado, e do presente, possuem fichas mistas. Quase ninguém passaria nos testes de pureza agora exigidos pela cultura de cancelamento.

Entre os líderes recentes, com fichas decididamente mistas, estão Mahatma Gandhi, Nelson Mandela, Franklin D. Roosevelt, Harry Truman, John, Robert, e Ted Kennedy, Winston Churchill, Martin Luther King Jr., David Ben Gurion, Menachem Begin, Oscar Schindler e Ariel Sharon. Figuras heroicas do passado de todos os países possuem fichas ainda mais mistas.

Há vários anos, quando defendi o ex-presidente da Ucrânia da acusação de solicitar o assassinato de um jornalista crítico, disse a ele como me sentia desconfortável ao ver uma estátua de Bogdan Chmielnicki no centro de Kiev. Eu sabia que Chmielnicki ordenara o massacre de mais de 100.000 mulheres e crianças judias, idosos e outros, no século XVII. Ele era um açougueiro genocida. Entretanto o ex-presidente da Ucrânia o conhecia como um libertador e lutador pela liberdade do nacionalismo ucraniano. Ele era ambos. O ex-presidente prometeu tentar derrubar a estátua e remover sua imagem da nota de 5 grívnias[46] da Ucrânia se eu ganhasse o caso para ele. Eu ganhei o caso e ele foi inocentado de todas as acusações. Porém a estátua e a nota de 5 grívnias permanecem, glorificando e homenageando um nacionalista ucraniano, que assassinou tantos judeus inocentes. Quase todos os países possuem heróis semelhantes. Gandhi era um racista, crente na inferioridade dos negros africanos com relação aos indianos e arianos[47]. Churchill foi um colonialista. Roosevelt falhou em fazer o que podia para ajudar os judeus a sobreviverem ao Holocausto. Truman ordenou o bombardeio de Hiroshima e Nagasaki. E assim por diante. Considere a complexa história de George Washington.

Sim, Washington, como a maioria dos moradores ricos da Virgínia de sua época, possuía escravos - eles foram libertados com a morte dele e de sua esposa -, mas ele não deveria ser julgado apenas por essa falha. Além de ter feito grandes coisas pela fundação de nossa nação, ele contribuiu poderosamente para a plena igualdade dos judeus americanos que, no final das contas, se espalharam por grande parte do mundo. Essa parte de seu legado é subestimada na maioria das histórias. Um pouco de experiência e contexto é necessário, de forma a entender completamente os feitos de Washington.

A maioria dos judeus americanos, e muitos não judeus, está familiarizada com a famosa carta de Washington à sinagoga judaica em Newport, Rhode Island, em 21 de agosto de 1790. Ele escreveu o seguinte sobre a igualdade dos judeus em nossa nova nação:

> Todos possuem liberdade de consciência, e imunidades de cidadania. Não se fala mais de tolerância, como se fosse pela indulgência de uma classe de pessoas, que outra gozasse do exercício de seus direitos naturais inerentes. Pois, felizmente, o Governo dos Estados Unidos, que não dá nenhuma sanção ao fanatismo, e nenhuma assistência à perseguição, exige apenas daqueles que vivem sob sua proteção se rebaixarem como bons cidadãos, dando-lhe, em

---

[46] Moeda ucraniana. (N. E.)
[47] Gandhi também era um misógino, ver, por exemplo, SEN, Mayukh. Gandhi Was a Racist Who Forced Young Girls to Sleep in Bed with Him. *Vice News*, [S. l.], p. 1-5, 3 dez. 2015. Disponível em: https://archive.md/hdkhh. Acesso em: 23 nov. 2021.

todas as ocasiões, seu apoio efetivo. [...] Que os Filhos da Linhagem de Abraão, que habitam nesta terra, continuem a merecer e a gozar da boa vontade dos outros Habitantes; enquanto cada um se sentará em segurança, sob sua própria videira e figueira, e não haverá quem o amedronte.

Não é amplamente compreendido o estado da lei na Grã-Bretanha e suas colônias com relação aos judeus, quando nossa nação foi fundada. Não só faltou igualdade aos judeus na Grã-Bretanha mas também faltou igualdade *nas colônias*, incluindo as colônias americanas. Em 1753, o Parlamento promulgou "The Jew Bill" [Projeto de Lei do Judeu]. A lei previa aos judeus residentes na Grã-Bretanha, ou em qualquer "das colônias de sua majestade na América", o poder de se tornarem cidadãos, "sem receberem o sacramento da ceia do Senhor". Eu possuo uma cópia original daquela lei revolucionária, que prometeu pavimentar o caminho para a igualdade legal aos judeus. Antes dessa lei, os judeus eram tudo menos iguais na Grã-Bretanha. Lembre-se de que eles haviam sido expulsos em 1290 e retornaram em números relativamente pequenos, apenas durante o reinado de Oliver Cromwell, no século XVII. A discriminação contra eles - tanto na lei quanto na prática - ainda era galopante.

Os judeus celebraram sua igualdade perante a lei após a aprovação do "Projeto de Lei do Judeu" de 1753. Entretanto sua celebração duraria pouco.

A reação ao "Projeto de Lei do Judeu" foi o antissemitismo virulento da mídia, de membros do Parlamento, e de muitos cidadãos britânicos. Em poucos meses, houve um movimento para rescindir a lei. De fato, logo depois ela foi completamente cancelada, deixando os judeus no *status* desigual em que se encontravam antes de sua promulgação. Sendo assim, nenhum judeu - fosse na Grã-Bretanha ou na América - poderia ser um membro do Parlamento, ou mesmo um cidadão britânico, exceto se renunciasse à sua fé e adotasse o cristianismo. Vergonhosamente, Benjamin Disraeli, nascido judeu, não poderia ter se tornado um membro do Parlamento (em 1837) e, finalmente, o primeiro-ministro (em 1868) caso não tivesse se convertido ao cristianismo.

A Revolução Americana, com sua Declaração de Independência, declarando que todos os homens são criados iguais, foi seguida pela adoção da Constituição. Segundo ela, nenhum teste religioso deveria ser exigido de forma a ocupar um cargo "sob os Estados Unidos". Entretanto vários estados ainda possuíam testes religiosos, excluindo os judeus de alguns dos benefícios mais importantes da cidadania[48]. Era essa a situação dos judeus quando Washington escreveu sua influente carta em 1790. Ela declarou, em termos inequívocos, que a discriminação contra os judeus não seria tolerada e que eles deveriam ser tratados como cidadãos de primeira classe, para todos os fins. Foi o primeiro pronunciamento, tão amplo e detalhado, na história do mundo.

A Declaração de Direitos, adotada em 1791, protegeu ainda mais o livre exercício da religião e impediu o governo federal de estabelecer qualquer forma de cristianismo (ou qualquer outra religião) como religião oficial do governo. Porém os estados individuais ainda eram livres para "estabelecer" várias denominações do cristianismo como sua religião oficial. Demorou décadas para os judeus alcançarem a igualdade real em todos os Estados Unidos. Entretanto isso poderia não ter acontecido sem o pronunciamento ousado e inequívoco de George Washington.

Então eu, por exemplo, continuarei a celebrar Washington, enquanto critico sua propriedade de pessoas escravizadas. Não deve surpreender ninguém que nossos pais e mães fundadores tenham sido seres humanos imperfeitamente grandes.

Devemos compreender as complexidades da história - da vida, na verdade. A linha nítida entre o bem e o mal, pregada em nossas igrejas, mesquitas e sinagogas é, em grande parte, uma ficção, especialmente no que diz respeito aos líderes, os quais, frequentemente, precisam comprometer princípios de forma a alcançar essa situação.

Vivemos em uma época em que se tornou politicamente correto destruir estátuas de figuras históricas, como Washington, Thomas Jefferson, Cristóvão Colombo, Andrew Jackson e outros. Uma lição pode ser aprendida sobre essa destruição de estátuas, comparando a Bíblia Judaica (às vezes chamada de Antigo Testamento) com a Bíblia Cristã (Novo Testamento) e com o Alcorão. Os dois últimos livros apresentam heróis perfeitos: ninguém poderia ser melhor do que Jesus, e os muçulmanos acreditam que Maomé está além de qualquer crítica. A Bíblia Judaica, por outro lado, apresenta todos os seus

---

[48] CHYET, Stanley *et al.* The Political Rights of the Jews in the United States: 1776-1840. In: GUROCK, Jeffrey S. (ed.). American Jewish History: The Colonial and Early National Periods, 1654-1840. [S. l.]: *Routledge*, 1998. v. 1, cap. 5, p. 81-146. Disponível em: https://archive.org/details/americanjewishhi0000unse/page/n9/mode/2up. Acesso em: 23 nov. 2021.

CAPÍTULO 4

heróis como profundamente falhos - isto é, humanos. O rei Davi pecou poderosamente ao enviar o marido de Betsabé para ser morto na linha de frente, de forma que Davi pudesse se casar com ela. Abraão mentiu, alegando que sua esposa era sua irmã e quase matou seu filho. José incriminou seus irmãos, plantando um item valioso em sua bagagem. Moisés perdeu a paciência e atingiu a rocha. E assim por diante.

Sempre amei a Bíblia Judaica, justamente por causa das imperfeições de seus heróis. Ela ensina seus leitores a não esperar, ou aspirar, à perfeição, mas apenas ao aperfeiçoamento. Ela também julga as pessoas de acordo com suas épocas. Por exemplo, descreve Noé como um "homem justo em sua geração".

Devemos pensar nessa frase, enquanto observamos estátuas sendo destruídas de forma promíscua, ao estilo do Taliban, sem ponderar o bem realizado por humanos imperfeitos, com os atos que hoje julgamos, corretamente, como maléficos. Washington e Jefferson foram homens justos em sua geração - uma geração atormentada pela injustiça da escravidão. Embora Washington tenha libertado seus escravos após sua morte e Jefferson tenha tentado condenar a escravidão, em seu esboço original da Declaração da Independência, ambos poderiam ter feito mais, de forma a acabar com o flagelo da escravidão. Por isso, eles devem ser criticados. Entretanto suas vidas também devem ser vistas de forma holística, comparativa e com generosidade de espírito. Eles fizeram muitas coisas boas, que não podem ser ignoradas em nenhuma avaliação. Esse pode não ser o caso em relação a alguns generais confederados, cujas estátuas foram provocativamente colocadas nos centros das cidades, anos após a Guerra Civil, de forma a mostrar apoio à segregação. Isso também foi um mau uso da história. Washington e Jefferson, porém, são diferentes. Se houver vida após a morte, só posso acreditar que tenham conquistado o céu, apesar de sua posse infernal de seres humanos escravizados. Devemos nós, mortais, ser mais críticos do que o Pai Celestial? Em um conto maravilhoso de I.L. Peretz, chamado *Bontche Schweig*, Deus dá as boas-vindas ao céu um homem obscuro. Ele viveu uma vida pobre, solitária, sem reclamar, mas sem nenhum pecado - tornando-o único na história celestial, ou terrena. Não celebramos essas pessoas na terra, porque aqueles que viveram uma vida livre de pecados não se tornam famosos. Quando Jesus disse que aquele sem pecado deve atirar a primeira pedra na adúltera, ninguém deu um passo à frente. E se alguém tivesse, ele teria se tornado um pecador, ao jogar uma pedra em uma mulher pecadora.

Além disso, a destruição de estátuas não pode ser seletiva se deseja ser moral. Uma vez que a destruição é adotada como um princípio moral, ela deve ser aplicada igualmente a todos os heróis imperfeitos, que expressaram ou manifestaram intolerância contra qualquer grupo. Aplicando esse princípio igualitário, as estátuas de anticatólicos, antijudaicos, antifeministas, antigays, anti-imigrantes, antiasiáticos e antioutros devem ser condenadas ao mesmo destino de Washington e Jefferson. Sendo assim, Harvard deveria remover todas as referências louváveis ao seu ex-presidente A. Lawrence Lowell. Ele discriminou católicos, judeus, negros, mulheres e outras etnias protestantes não brancas. Os memoriais a Franklin Delano Roosevelt devem ser retirados, pois ele ordenou o confinamento de mais de 100.000 nipo-americanos, baseando-se puramente em estereótipos raciais. Ele também manteve fechadas as portas aos refugiados judeus do Holocausto. O nome de Malcolm X deve ser removido de todas as ruas com seu nome, porque ele expressou muitas atitudes antissemitas e contra os brancos. Thomas Edison era um preconceituoso, assim como Charles Lindberg e Henry Ford. E o prédio do FBI não deve levar o nome de J. Edgar Hoover, um violador massivo das liberdades civis e dos direitos constitucionais.

Se exigirmos de cada pessoa aclamada os méritos de Jesus, viveremos em uma sociedade sem estátuas. George Orwell previu isso quando escreveu o seguinte em 1984, seu romance distópico:

> Cada registro foi destruído, ou falsificado, cada livro reescrito, cada imagem foi repintada, cada estátua e prédio de rua foi renomeado, cada data foi alterada. E o processo continua, dia a dia, e minuto a minuto. A história parou. Nada existe, exceto um presente infinito, em que o Partido tem sempre razão.

Hoje, não é o "partido" que tem sempre razão. São os puristas, politicamente corretos. Eles serão, certamente, substituídos em breve por aqueles que encontram imperfeições na atual geração de puristas, como ocorreu durante as revoluções francesa, bolchevique e outras[49]. Nenhum purista pode se contentar. Puro não é uma questão de grau.

Estaríamos todos melhor se aceitássemos a abordagem da Bíblia judaica para aclamação e condenação. Devemos reverenciar as pessoas justas

---

[49] Daí a expressão de que as revoluções devoram seus filhos - e às vezes seus pais também.

CAPÍTULO 4

em sua geração, enquanto condenamos a injustiça de sua geração e criticamos aqueles que poderiam ter feito mais para impedi-la. Entretanto não devemos julgar os heróis imperfeitos do passado por nossos próprios critérios imperfeitos e sempre mutáveis.

Que nenhuma estátua seja destruída. Que algumas sejam removidas de lugares de honra e transportadas para museus, onde os vícios e virtudes de seus personagens possam ser explicados e contextualizados. Mesmo a estátua de Chmielnicki não deve ser destruída. Deve ser colocada em um museu de malfeitores, ao lado de outros vilões, para que os visitantes possam aprender sobre seus pecados e crimes. Porém destruir estátuas é como queimar livros e, como Heinrich Heine advertiu profeticamente, décadas antes do Holocausto, "Onde se queimam livros, no final também se queimam seres humanos".

capítulo 5

Capítulo 5

Cancelando a meritocracia

A cultura do cancelamento e o movimento mais amplo, "desperto" ou "progressista", do qual ela faz parte, vai além do cancelamento de indivíduos. Também busca desmontar toda a estrutura da meritocracia - de julgar as pessoas pela totalidade de suas realizações e virtudes - substituindo-a por uma hierarquia baseada na "identidade". A meritocracia foi introduzida neste país, precisamente, de forma a substituir a hierarquia europeia, baseada na nobreza, linhagem, classe, religião e outras identidades. O esforço da cultura do cancelamento, para substituir a meritocracia pelo privilégio de identidade, é a imagem espelhada "desperta" das hierarquias desacreditadas do passado.

  O sonho americano, no qual muitas gerações de americanos foram educadas a acreditar, é que em nosso país, diferente do velho mundo, qualquer pessoa pode alcançar o sucesso, baseando-se no trabalho árduo, intelecto, criatividade, moderação e outras virtudes comumente aceitas. Aqui, não havia hierarquia. Qualquer um poderia chegar ao topo, como evidenciado pelas numerosas histórias de sucesso, exemplificadas pelos romances de Horatio Alger e pelas muitas biografias da miséria à riqueza, de inventores, industriais, acadêmicos e até de presidentes americanos.

  Como Ruth Bader Ginsburg perguntou uma vez, retoricamente: "Qual é a diferença entre um contador no bairro têxtil e um juiz da Suprema Corte?", ao que ela respondeu: "Uma geração". Minha mãe também era contadora no bairro têxtil. Se ela tivesse nascido uma geração depois, ela também poderia ter sido uma juíza ou advogada. O "excepcionalismo" americano foi caracterizado por sua meritocracia, e por seu passo, em uma geração, da pobreza e obscuridade à riqueza e fama.

É verdade que o sonho americano funcionou para muitos grupos e indivíduos. Apesar do profundo preconceito, fanatismo e discriminação, muitos filhos de judeus imigrantes pobres chegaram ao topo, através do trabalho árduo, da economia para a educação e de outras virtudes. O mesmo se aplica a muitas comunidades de imigrantes, como irlandeses-americanos, ítalo-americanos, asiático-americanos, greco-americanos e outros. Entretanto alguns grupos tiveram maiores dificuldades para superar as barreiras históricas e jurídicas. Isso inclui afro-americanos, que sofreram, e ainda sofrem, com uma história de escravidão e racismo, hispano-americanos que vivenciam a barreira da língua e outras, e mulheres, que nem mesmo eram universalmente emancipadas até 1920. Porém esses grupos também fizeram com que muitos chegassem ao topo através de seus próprios esforços, às vezes auxiliados por vários tipos de ação afirmativa, que reconhecem a necessidade de remediar a discriminação histórica e contínua.

O sonho americano, portanto, foi um relato seletivo, idealizado e incompleto das experiências de muitos americanos. Representou uma aspiração universal, alcançada mais por alguns grupos e indivíduos do que por outros, mas não uma descrição precisa dos muitos que foram deixados para trás, em nossa "terra das oportunidades". Mesmo o uso do termo "terra das oportunidades" agora é considerado uma microagressão por alguns dentro da cultura do cancelamento[50].

Apesar da incompletude dessa aspiração utópica, poucos americanos - independentemente da origem - desafiaram o próprio conceito do sonho

---

[50] Ver: LUKIANOFF, Greg; HAIDT, Jonathan. The Coddling of the American Mind. *The Atlantic*, [S. l.], p. 1-23, 1 set. 2015. Disponível em: https://www.theatlantic.com/magazine/archive/2015/09/the-coddling-of-the-american-mind/399356/. Acesso em: 23 nov. 2021. "Durante o ano letivo de 2014-2015, por exemplo, os reitores e presidentes de departamento nas dez escolas do sistema da Universidade da Califórnia foram apresentados por administradores em sessões de treinamento de líderes do corpo docente com exemplos de microagressões. A lista de declarações ofensivas incluiu: "A América é a terra das oportunidades" e "Acredito que a pessoa mais qualificada deve conseguir o emprego".

americano e seus fundamentos meritocráticos. Muitos reconheceram que a meritocracia não pode ser bem-sucedida quando as oportunidades de educação, saúde, habitação e outras necessidades da vida - especialmente no início da vida - são desiguais. Uma corrida justa até a linha de chegada exige a mesma linha de partida para todos. Entretanto, até recentemente, poucos na América foram (se é que alguém foi) contra a *teoria* da meritocracia: de que o mérito - talvez definido de forma diferente - deva ser um fator decisivo na distribuição de benefícios na sociedade e na seleção de indivíduos para realizarem serviços importantes.

Martin Luther King resumiu nossa aspiração em seu sonho: "Que meus quatro filhos pequenos um dia vivam em uma nação onde não sejam julgados pela cor de sua pele, mas pelo conteúdo de seu caráter".

Entretanto, para alguns da chamada geração "desperta" ou "progressista" de hoje, o sonho de King é um pesadelo consagrador da desigualdade. Eles querem que as pessoas sejam julgadas, não por seu caráter ou virtude *individual*, mas por sua identidade de *grupo*, incluindo a cor de sua pele. O privilégio dos brancos é amplamente baseado na cor da pele, assim como a ação afirmativa baseada na raça e as cotas raciais contra asiáticos.

Em muitas universidades, esforços estão em andamento para abolir as notas, em nome da igualdade. Não só as notas não medem necessariamente o desempenho meritocrático (mesmo com base em avaliação cega), como o próprio conceito de meritocracia, independentemente de como for medido, é visto como inerentemente hierárquico, racista, sexista e "não desperto". Na verdade, alguns agora consideram como uma "microagressão" a afirmativa: "Eu acredito que a pessoa mais qualificada deve conseguir o emprego"[51].

Agora, as orquestras sinfônicas estão sendo instadas a acabarem com as audições cegas. Nelas, aspirantes a músicos tocam atrás de cortinas, de forma a esconder gênero, raça, aparência e outros fatores não musicais. Uma orquestra deve refletir a raça, etnia, gênero e outras identidades da nação. A diversidade deve prevalecer sobre o talento musical, mesmo que isso resulte em um rebaixamento dos padrões e qualidades das apresentações musicais. A diversidade resultará em melhores performances, argumentam alguns. Entretanto isso é um debate amplamente empírico. Ele somente poderia ser resolvido caso os méritos

---

[51] Ver nota de rodapé 50, supracitada.

musicais comparativos, de músicos cegamente selecionados *versus* músicos influenciados pela diversidade, fossem julgados através de uma audição cega.

Os oponentes da meritocracia argumentam que inteligência, educação, realização e até mesmo ética de trabalho são funções de "privilégio". Segundo eles, o privilégio já seria suficientemente recompensado, sem se tornar a base para recompensas futuras. Eles distribuiriam os bens da sociedade com base na identidade, ou "de cada um de acordo com a capacidade, para cada um de acordo com a necessidade", ou alguma variação próxima desse mantra. Segundo eles, em uma sociedade verdadeiramente igualitária, o trabalho árduo não precisa de incentivos materiais, e/ou o trabalho árduo é sua própria recompensa e não precisa de incentivos adicionais. Eles rejeitam o veredito da história de que a maioria das sociedades que não incentiva o trabalho duro com recompensas materiais não consegue fazer muitos de seus membros trabalharem duro.

Eles também rejeitam o veredicto da experiência, de que as avaliações meritocráticas geralmente são mais benéficas aos pobres, aos não privilegiados e àqueles sem contatos e influência da elite. A avaliação cega - quando administrada de maneira justa e sem preconceito implícito - permite que não elites trabalhadoras cheguem ao topo e superem aqueles com "privilégios" reais, brancos ou não.

A filosofia, afirma-se, costuma ser a autobiografia. Minha própria filosofia de oportunidades iguais reflete minha educação não privilegiada - pais trabalhadores, sem educação universitária ou contatos - e a realidade de que eu nunca teria me tornado um professor sem um sistema de classificação rigoroso e confiável, que me permitisse terminar como primeiro da classe em uma faculdade de direito que incluía descendentes de juízes da Suprema Corte, presidentes, magnatas dos negócios e outros com empregos garantidos, independentemente de suas notas. Posso não ter sido mais inteligente ou educado do que meus colegas privilegiados. Porém trabalhei mais e fui recompensado com notas que me permitiram competir com eles. Apesar das minhas notas e das deles, eles ainda conseguiram bons empregos nos escritórios de advocacia de elite e eu não. Contudo eu consegui os estágios e a oferta de Harvard, enquanto eles não, porque os estágios e as cátedras eram concedidos, em grande parte, por mérito, enquanto empregos em escritórios de advocacia de "elite" eram negados a candidatos meritórios, por causa de sua religião, gênero e raça.

Ruth Bader Ginsburg tinha a desvantagem adicional de ser mulher em um momento de crescente discriminação de gênero. Sem as notas, ela também não teria se tornado editora de revistas jurídicas, professora e, posteriormente, juíza. A meritocracia, bem julgada, é moral e eficiente.

Sem dúvida, existe um lugar para a diversidade, ao invés do talento puro e avaliado cegamente, ao mesmo tempo em que existem lugares onde apenas o talento deve ser o critério de seleção. Nos órgãos legislativos, que devem ser representativos, a diversidade deve desempenhar um papel importante. Nas quadras e campos de atletismo, por outro lado, o talento supera a diversidade. Se o elenco do New York Knicks fosse espelhar sua base de fãs, precisaria haver vários judeus baixinhos em quadra e no banco. Ninguém quer ver isso!

A questão não é *se* a diversidade deve desempenhar um papel, é *qual* papel deve desempenhar e *em quais* instituições públicas e privadas. As respostas devem variar de acordo com a tarefa em questão. Orquestras, departamentos de cirurgia, tribunais, universidades, inovadores de alta tecnologia, agências de inteligência, advogados, atores, astronautas, mágicos, artistas de circo, cantores de ópera, burocratas do governo, pilotos comerciais, pilotos de caça, candidatos políticos, apresentadores de TV - todos esses e outros apresentam cálculos diferentes sobre o peso a ser dado à diversidade e/ou talento, caso estejam em conflito.

A meritocracia atende a várias políticas diferentes, talvez a cada uma delas de maneira imperfeita, mas, no geral, provavelmente melhor do que suas alternativas. Moralmente, tem a função de geralmente recompensar o trabalho árduo, a moderação e outras virtudes. Empiricamente, incentiva essas virtudes, recompensando aqueles que as praticam e encorajando outros a fazê-lo. Pragmaticamente, busca proteger aqueles que dependem da meritocracia, de forma a produzir os provedores mais capazes de serviços importantes.

Quanto a essa última questão, queremos ter certeza de que nossos neurocirurgiões sejam selecionados apenas com base em fatores relevantes à sua capacidade de salvar nossas vidas, e não em fatores que possam servir a outros interesses sociais. Caso alguns sejam selecionados com base no último, temos direito a essa informação ao selecionar um cirurgião. Alguns pacientes podem decidir usar um cirurgião selecionado por critérios diferentes do mérito. Outros, porém, devem ter o direito de colocar sua própria segurança sobre outros valores, em situações de vida ou morte. Sempre afirmei preferir médicos feios e pouco charmosos, que devem ter chegado ao topo apenas com base em suas habilidades médicas.

Pessoas razoáveis podem discordar sobre quais fatores determinam a excelência médica, entretanto poucos selecionariam um neurocirurgião menos qualificado do que outro[52]. O mesmo aconteceria com um piloto comercial ou um navegador de jatos de combate. O oposto pode ser verdadeiro para um legislador, cuja identidade pode ser, pelo menos, tão importante quanto seu talento para promulgar legislação.

Com relação à diversidade, uma vez perguntaram à Ruth Bader Ginsburg: "Quando haverá mulheres suficientes na Suprema Corte?". Ao que ela respondeu: "Quando houver nove". Embora fosse uma piada, reflete a realidade do que algumas pessoas consideram diversidade: mais de nós e menos deles, mesmo que mais de nós reduza a diversidade real. Para muitos, a diversidade é simplesmente um meio de aumentar o número de pessoas com as quais se identificam. Nunca ouvi um líder afro-americano exigir diversidade entre os jogadores da National Basketball Association (NBA). (Tem havido demandas por mais diversidade entre os proprietários e treinadores.) Tampouco ouvi muitos fanáticos "progressistas" ou "despertos" buscarem mais republicanos, fundamentalistas cristãos, defensores de armas ou oponentes da ação afirmativa para diversificar o corpo estudantil ou o corpo docente das universidades. A demanda por diversidade é, muitas vezes, um eufemismo para mais daqueles que os demandantes querem e menos daqueles que não querem. Na prática, o tipo de diversidade exigido pela extrema esquerda muitas vezes reduz, ao invés de aumentar, as diferenças intelectuais, políticas, religiosas e ideológicas.

O efeito da cultura do cancelamento e seu esforço para cancelar os legados de muitos, que tanto conquistaram através da meritocracia, é um ataque ao devido processo legal e a outros valores constitucionais. Seu perigoso esforço para substituir a meritocracia pela identidade é um ataque direto ao sonho americano de Martin Luther King.

---

[52] Um importante político palestino optou por uma operação séria na Europa, em vez de em Israel, embora o cirurgião israelense fosse mais hábil do que o europeu. Ele temia que, caso morresse nas mãos do israelense, muitos de seus compatriotas suspeitariam de crime.

capítulo 6

Capítulo 6

Cultura do cancelamento cancela Israel

A cultura do cancelamento não se limita a cancelar indivíduos, com cujas políticas ou ações ela discorda. Na cultura do cancelamento, muitos procuram cancelar o estado-nação do povo judeu, não apenas por se oporem às suas políticas e ações, mas por se oporem à sua própria existência. O cancelamento de Israel é manifestado por "mapas" que, literalmente, apagam Israel, substituindo-o pela Palestina[53].

De maneira a se tornar um membro pleno da geração "desperta" e de sua cultura, um aspirante deve se posicionar contra a existência de Israel e do sionismo. O sionismo - que simplesmente apoia a *existência* de Israel como estado-nação do povo judeu, mas não necessariamente todas as suas *políticas* e ações - é visto como incompatível com os valores, identidades e organizações despertas, como *Black Lives Matter*, feminismo, ambientalismo e outras causas de esquerda. Israel é visto como a manifestação nacional do "privilégio branco",

---

[53] PALESTINIAN Authority: Palestinian Maps Omitting Israel. *Jewish Virtual Library*, [S. l.], p. 1-9, [201-]. Disponível em: https://www.jewishvirtuallibrary.org/palestinian-maps-omitting-israel. Acesso em: 23 nov. 2021.

apesar de sua diversidade multirracial, étnica e religiosa. O sionismo é visto como incompatível com o feminismo[54].

Um dos porta-vozes mais visíveis dos atuais "progressistas" - Peter Beinart - pediu o cancelamento de Israel como estado-nação do povo judeu e a substituição do que hoje é Israel, Cisjordânia e Gaza, por um único estado binacional birreligioso[55]. A população judaica, no que hoje é Israel, seria posteriormente reunida em algum tipo de "terra natal", dentro da nova nação. Entretanto Beinart é lamentavelmente ignorante sobre as tentativas anteriores de criar ou manter estados binacionais ou birreligiosos. Ele ignora as lições da história em torno da ex-Iugoslávia - o esforço fracassado de Tito para criar uma única nação artificial, de diferentes etnias e religiões - que terminou em genocídio, tragédia e em sua divisão em vários estados, vivendo agora em relativa paz. Ele omite qualquer menção ao Líbano, uma experiência fracassada de compartilhamento de poder entre muçulmanos e cristãos, que terminou com a expulsão de grande parte da população cristã. Ele escreve como se a Índia hindu ainda incluísse o Paquistão muçulmano, ao invés de ter sido dividida, após considerável derramamento de sangue e divisões. Ele se concentra em dois países, Irlanda do Norte e África do Sul, ambos dos quais possuem pouca relação com Israel e com a Palestina dos dias atuais. A Irlanda do Norte é um país cuja população é etnicamente semelhante, com diferenças meramente religiosas, em um momento no qual a religião está desempenhando um papel muito menos importante na vida de muitos irlandeses do norte seculares. A África do Sul era um país onde uma pequena minoria de brancos dominava uma grande maioria de negros, e agora é uma nação predominantemente negra.

Israel e Palestina são totalmente diferentes. A população de Israel é uma mistura de judeus asquenazes e sefarditas, muçulmanos, cristãos e outros. Cisjordânia e Gaza são quase exclusivamente compostas por árabes muçulmanos. Costumava haver uma mistura de muçulmanos e cristãos, mas muitos cristãos foram expulsos. A população combinada da Cisjordânia e Gaza é

---

[54] Ver: SHIRE, Emily. Does Feminism Have Room for Zionists. *The New York Times*, [S. l.], p. 1-5, 7 mar. 2017. Disponível em: https://www.nytimes.com/2017/03/07/opinion/does-feminism-have-room-for-zionists.html. Acesso em: 23 nov. 2021.

[55] BEINART, Peter. I No Longer Believe In A Jewish State. *The New York Times*, [S. l.], p. 1-6, 8 jul. 2020. Disponível em: https://www.nytimes.com/2020/07/08/opinion/israel-annexation-two-state-solution.html. Acesso em: 23 nov. 2021.

CAPÍTULO 6

próxima em número à população judaica de Israel. Caso Israel fosse cancelado como estado-nação do povo judeu - como defende Beinart - e se tornasse uma "terra natal" judaica, em um único estado binacional e birreligioso, uma guerra demográfica, com judeus e muçulmanos competindo para se tornarem maioria, seria inevitável. Tão logo a maioria muçulmana se materializasse, a "terra natal" judaica se tornaria, precisamente, o tipo de "bantustão"[56] contra o qual Beinart tem protestado, no contexto da África do Sul. Ou se tornaria um novo "gueto", reminiscência dos antigos guetos judeus da Europa. A minoria judaica seria governada pela maioria muçulmana, mesmo se os judeus recebessem alguma autonomia. Sua proteção estaria, em grande parte, nas mãos da maioria muçulmana, muitos dos quais acreditam que não haja lugar para uma entidade judaica em qualquer parte da área.

Precisamente esse medo e essa experiência levaram à criação do sionismo político, no século XIX. Theodor Herzl e outros experimentaram o antissemitismo da Europa e a incapacidade da minoria judaica de se proteger contra *pogroms*[57] e demais discriminações. Colocar a segurança da população judaica de Israel nas mãos de uma maioria muçulmana potencialmente hostil seria um convite a um possível genocídio.

Beinart insiste que os israelenses e judeus de hoje devem ignorar as lições do passado, incluindo os guetos, os *pogroms* e o Holocausto. Entretanto quem ignora a história do passado está destinado a repeti-la. E os judeus não podem se dar ao luxo de ver uma repetição de seu passado trágico.

Beinart nunca discute a questão de quem controlaria as forças armadas e, mais particularmente, o arsenal nuclear de Israel, sob um estado binacional

---

[56] Regiões criadas durante o *apartheid* sul-africano, mais especificamente ao final da década de 1940, com o intuito de segregar certas populações negras do restante do território. Ao todo foram vinte bantustões, dez deles na África do Sul e mais dez no Sudoeste Africano, atual Namíbia. Tal prática política se assemelhou bastante aos "guetos" feitos para separar os judeus dos não-judeus durante a Segunda Guerra mundial. (N. E.)

[57] *Pogroms* foram movimentos de "linchamentos em massa", geralmente focados em um grupo de indivíduos específicos, minorias étnicas, religiosas ou semelhantes. Podiam ou não ter aval dos governantes, serem premeditados ou espontâneos, mas quase sempre tinham como mentalidade profunda alguma ideologia popularizada. Historicamente ela ganhou proeminência após as perseguições populares que ocorreram na Rússia, entre 1881 e 1884, que tiveram como alvo os judeus e seus bens. Tais atos descambaram em uma imigração em massa dos judeus russos, principalmente para os EUA e Leste Europeu. (N. E.)

e birreligioso, onde os judeus teriam apenas uma terra natal. Estados possuem exércitos. Terras natais, não. Lembre-se de que a atual constituição palestina exige que um estado palestino seja uma nação islâmica, vinculada à lei da Xaria. Mesmo se o estado de maioria palestina permitisse à terra natal judaica ter suas próprias leis domésticas, o próprio estado, com sua maioria muçulmana, controlaria, presumivelmente, as forças armadas. Isso criaria mais um estado islâmico, entre os muitos existentes atualmente, mas com um arsenal nuclear. Nem a maioria palestina permitiria asilo a judeus perseguidos em todo o mundo, como é possível fazer hoje sob a lei de retorno. Ao invés disso, o estado palestino promulgaria sua própria lei de retorno, permitindo o "retorno" a milhões de exilados, garantindo uma supermaioria muçulmana permanente.

O artigo de Beinart é maliciosamente enganoso, na medida em que coloca a culpa pela ausência de uma solução de dois estados em grande parte em Israel. Ele omite totalmente a disposição de Israel, ao longo de muitas décadas, de aceitar um estado palestino. Em 1937 e 1938, a Comissão Peale recomendou a divisão da Palestina obrigatória em um estado judeu e outro árabe. O estado judeu proposto era muito menor e menos contíguo do que o estado oferecido aos árabes palestinos. Os judeus aceitaram relutantemente a oferta de dois estados, enquanto os árabes a rejeitaram, veementemente. Preferiam que não houvesse um estado judeu a terem um estado próprio. O mesmo aconteceu em 1947 e 1948, quando as Nações Unidas dividiram a Palestina obrigatória em dois estados, para dois povos. Mais uma vez, os judeus aceitaram essa proposta, enquanto os árabes a rejeitaram, e foram à guerra contra Israel. Em 1967, os israelenses aceitaram a Resolução 242 do Conselho de Segurança. Ela devolveria aos árabes a grande maioria das terras conquistadas. Os árabes se reuniram em Cartum e emitiram seus três famosos nãos: não à paz, não ao reconhecimento, não às negociações. Em 2000 e 2001, o presidente Clinton e o primeiro-ministro israelense Ehud Barak ofereceram aos palestinos um estado, em mais de 95% dos territórios disputados. Yasser Arafat rejeitou e deu início a uma intifada, matando 4.000 pessoas. Em 2008, o primeiro-ministro de Israel, Olmert, ofereceu ainda mais aos palestinos. Você não saberia nada disso lendo a "história" tendenciosa e enganosa de Beinart. Ele omite, deliberadamente, esses fatos, porque eles não servem à sua narrativa tendenciosa. Ele afirma saber o que é melhor para israelenses e palestinos, independentemente do que desejam. Ele ignora os desejos de quem tem mais em jogo.

CAPÍTULO 6

Beinart rejeita arrogantemente a democracia e as pesquisas indicando que a maioria dos israelenses e palestinos se opõe à sua solução de um Estado único. Ele entendeu exatamente ao contrário quando argumenta que apenas a "linha dura palestina e judaica" resiste à sua solução de um Estado. Somente os linha-dura querem um Estado: muitos linha-dura muçulmanos querem um estado palestino "do rio ao mar", enquanto alguns linha-dura judeus querem um estado judeu na totalidade da terra de Israel bíblica.

Beinart rejeita as preferências democráticas da maioria dos israelenses e palestinos por dois estados separados.

A tentativa de Beinart de destruir o estado-nação do povo judeu desfaria décadas de sacrifício e trabalho árduo dos sionistas, desde meados do século XIX. Apesar de suas imperfeições, Israel é uma das maravilhas do mundo, dando mais à humanidade - cientificamente, medicamente, tecnologicamente, literariamente e em tantas outras áreas - nos 72 anos de sua existência, do que qualquer país na história do mundo. Nenhuma nação que enfrente ameaças comparáveis às enfrentadas por Israel - incluindo terrorismo, foguetes e ataques em túneis de terror, bem como agressão iraniana - teve um histórico melhor de direitos humanos, conformidade com o estado de direito e preocupação com civis inimigos do que Israel.

Em um mundo com tantos estados islâmicos, cristãos e outros religiosos e nacionais, por que será que Beinart acredita não haver espaço para um estado-nação do povo judeu, capaz de proteger seus cidadãos da agressão, capaz de acolher judeus oprimidos de todo o mundo e dedicado à igualdade de direitos, para todos os seus cidadãos?

A tentativa desagradável e ignorante de Beinart cancelar Israel pertence ao lixo da história, junto com o resto da cultura do cancelamento. Ele perdeu toda a pretensão de falar por qualquer segmento da comunidade pró-Israel e judaica ao se alinhar àqueles que cancelariam a existência do único estado-nação do povo judeu.

Felizmente, os esforços de Beinart para cancelar Israel provavelmente serão aceitos apenas por extremistas contrários a Israel e por judeus de esquerda, envergonhados pela força e determinação de Israel em proteger o povo judeu contra a experiência de uma repetição de sua trágica história. Foi essa história que levou à ampla aceitação do sionismo e à formação do estado-nação democrático do povo judeu. Os cidadãos de Israel - judeus e muçulmanos - serão os únicos a decidir sobre a solução apropriada para o conflito árabe-israelense. Eles apoiam, de forma esmagadora, uma solução de dois estados e rejeitam, também de forma esmagadora, a solução perigosa de Beinart. Se os palestinos quiserem ter uma opinião sobre essas decisões, precisarão vir à mesa e negociar. Seu destino e o destino de seus vizinhos israelenses não será decidido nas páginas de opinião do *The New York Times*, nem nas salas de aula de professores contrários a Israel, ou por protestos nas capitais europeias. Será decidido no local, por negociações entre israelenses e palestinos.

Também será influenciado por atitudes e ações de outras nações árabes da região, principalmente sunitas, como os Emirados Árabes Unidos.

O acordo dos Emirados Árabes Unidos para normalizar as relações com Israel é um bom presságio para o futuro de Israel e da perigosa região onde está localizado. Não foi o primeiro acordo desse tipo - houve tratados de paz com o Egito (1979) e a Jordânia (1994) - e provavelmente não será o último. É provável, embora não seja certo, que outras nações do Golfo venham a seguir. Até mesmo o presidente do Líbano "sugeriu a possibilidade de negociações de paz com Israel", apesar das objeções do Hezbollah.

Embora a liderança palestina se oponha ao acordo - ela sempre se opõe a tudo -, ela também pode se beneficiar dele. Os Emirados Árabes Unidos vão pressionar por uma solução de dois estados e sua voz terá mais influência, tanto nos Estados Unidos quanto em Israel. Uma solução de dois Estados, garantindo a segurança de Israel, exigiria uma Palestina desmilitarizada, com uma presença militar israelense no Vale do Jordão e trocas territoriais que mantêm os atuais grandes blocos de assentamentos como parte de Israel. Isso permitiria um estado palestino contíguo e viável, que poderia prosperar caso mantivesse a paz com Israel. Os palestinos poderiam assegurar tal Estado, caso concordassem em negociar com Israel o plano Trump, atualmente sobre a mesa - um plano no qual trabalhei nos últimos anos.

O acordo dos Emirados Árabes Unidos deixa claro que a liderança palestina não tem mais direito de veto sobre as ações e atitudes de seus vizinhos árabes, os quais farão o melhor para seus próprios interesses. Também ficou claro que o fortalecimento dos laços com uma Israel militar, tecnologicamente e economicamente poderoso, é a melhor proteção contra os perigos representados pelo Irã, que há décadas busca ter sua própria capacidade de entrega de armas nucleares.

CAPÍTULO 6

A maioria dos líderes do Partido Democrata dos Estados Unidos, incluindo o candidato à presidência Joe Biden e sua escolha à vice-presidência, Kamala Harris, elogiaram o acordo. Ben Rhodes, conselheiro de política externa do ex-presidente Barack Obama, foi um dos poucos americanos proeminentes que menosprezaram o acordo. Rhodes foi fundamental para fazer o perigoso acordo com o Irã que, essencialmente, deu luz verde à busca dos mulás[58] por um arsenal nuclear[59].

Irônica e perversamente, a política pró-Irã de Obama e de Rhodes contribuiu para aproximar, pelo medo, os Emirados Árabes Unidos de Israel. Os Emirados sabem que Israel nunca permitirá ao Irã o desenvolvimento ou aquisição de armas nucleares, não importando o que for necessário para impedi-los. Para o resto do mundo - incluindo os Estados Unidos - um Irã nuclear é um problema diplomático regional. Para Israel, é um perigo existencial. Para os Estados do Golfo, representa uma séria ameaça a seus regimes.

Entretanto o acordo vai além do "inimigo do meu inimigo é meu amigo". Os Emirados Árabes Unidos obterão muitos benefícios avindos desses relacionamentos mais próximos com o país mais estável e avançado do Oriente Médio. Isso inclui parcerias econômicas e tecnológicas, compartilhamento militar e de inteligência, turismo mútuo e melhores relações com os Estados Unidos e grande parte do resto do mundo.

O negócio também demonstra a rapidez das mudanças nessa parte volátil do globo. Há apenas algumas décadas, os aliados mais fortes de Israel eram o Irã e a Turquia, e seus inimigos mais intratáveis eram o Egito, a Jordânia e os Estados do Golfo. Agora, o inverso é verdade. O único elemento construtivo constante na região é um Israel democrático, com laços estreitos com os Estados Unidos.

---

[58] Mulás é o nome dado a muçulmanos educados na teologia islâmica, com fim de seguir a carreira clerical. São comumente membros do "clero" muçulmano, líderes das mesquitas e conselheiros oficiais em Estados islâmicos. (N. E.)

[59] Peter Beinart retuitou um tuíte que afirma que o negócio tinha a "intenção de [...] evitar desviar o olhar da ocupação". FRANTZMAN, Seth J. Why Aren't Pro-Peace Voices Celebrating the UAE-Israel Deal. *The Jerusalem Post*, [S. l.], p. 1-6, 30 ago. 2020. Disponível em: https://www.jpost.com/arab-israeli-conflict/why-arent-pro-peace-voices-celebrating-the-uae-israel-deal-analysis-640461. Acesso em: 23 nov. 2021.

A outra constante - mas uma destrutiva - tem sido a liderança palestina. Eles constantemente dizem não a tudo o que envolve normalização com Israel. Essa abordagem negativa tem sido constante, desde a década de 1930 até o presente, com sua recusa até mesmo em negociar o acordo de paz com Trump. Como disse uma vez Abba Eban: "Os palestinos não aceitam sim como resposta, e nunca perdem uma oportunidade de perder uma oportunidade".

Entretanto os Emirados Árabes Unidos conseguem aceitar um sim e não perder oportunidades. O resto do mundo árabe deve seguir. Então, talvez a liderança palestina perceba que eles também deveriam se sentar e negociar uma paz total com o estado-nação do povo judeu.

Israel não será cancelado, independentemente do que Beinart e seus companheiros progressistas despertos possam desejar. Ele veio para ficar e permanecerá como o estado-nação do povo judeu, com direitos iguais para todos os seus cidadãos, de qualquer religião ou não religião.

capítulo 7

Capítulo 7

Cancelando o antissemitismo na plataforma do *Black Lives Matter*

O *Black Lives Matter* tornou-se um aliado da cultura do cancelamento, no sentido de que quem desafia o conceito corre o risco de ser cancelado. Pessoas foram canceladas por dizer ou tuitar "Todas as Vidas Importam", ou "Blue Lives Matter"[60][61]. Leslie Neal-Boylan, reitora de Enfermagem da UMASS Lowell, enviou um *e-mail* aos alunos e funcionários, abordando os protestos de George Floyd. Ela escreveu: "Sinto desespero por nosso futuro como nação se não nos levantarmos contra a violência contra qualquer pessoa. Vidas negras importam, mas também a vida de todos é importante". Um estudante compartilhou a declaração no Twitter, e Neal-Boylan foi posteriormente demitida[62]. Entretanto a própria organização *Black Lives Matter* se engajou em

---

[60] *Blue Lives* ou "Vidas Azuis", se refere aos policiais, cujas vestimentas nos EUA são marjoritariamente da cor azul. O termo surgiu como um contraponto ao Black Lives Matter. (N. E.)

[61] Grant Napear foi demitido pela KTHK Sports 1140 e renunciou ao cargo de locutor de TV do Sacramento Kings depois que um ex-jogador do Sacramento Kings pediu sua opinião sobre o *Black Lives Matter* no Twitter. Napear respondeu: "Todas as vidas são importantes... Cada uma delas!!!".

[62] RAMBARAN, Vandana. Dean Fired After Saying "BLACK LIVES MATTER, but also, EVERYONE'S LIFE MATTERS" in email. *Fox News*, [S. l.], p. 1-5, 2 jul. 2020. Disponível em: https://www.foxnews.com/us/dean-fired-after-saying-black-lives-matter-but-also-everyones-life-matters-in-email. Acesso em: 23 nov. 2021.

uma retórica preconceituosa que, se tivesse sido proferida por organizações com uma identidade diferente, poderia ter resultado em seu cancelamento.

É uma tragédia que a organização *Black Lives Matter* - que tem feito tanto bem em aumentar a conscientização sobre os abusos policiais - tenha se afastado de sua missão central e declarado guerra contra o estado-nação do povo judeu. Em sua "plataforma", mais de sessenta grupos, formadores do núcleo do movimento *Black Lives Matter*, fizeram um esforço especial para escolher uma nação estrangeira e acusá-la de genocídio e *apartheid*.

Não, não foi o governo sírio que matou dezenas de milhares de pessoas inocentes com bombas de barril, produtos químicos e gás. Nem foi a Arábia Saudita, que pratica abertamente o *apartheid* de gênero e religioso. Não foi o Irã, que enforca gays e mata dissidentes. Não foi a China, que ocupou o Tibete por mais de meio século e confinou milhares de muçulmanos. E não foi a Turquia que prendeu jornalistas, juízes e acadêmicos. Finalmente, não foi nenhum dos muitos países, como Venezuela, México ou Índia[63], onde o abuso policial contra pessoas inocentes é desenfreado e amplamente descontrolado. Nem foi a Faixa de Gaza, controlada pelo Hamas, onde a própria polícia é a lei, agindo como juiz, júri e executor daqueles cujas políticas, ou práticas religiosas, eles desaprovam.

Era apenas Israel, o estado-nação do povo judeu e a única democracia no Oriente Médio. A plataforma acusa os EUA de serem "cúmplices no genocídio que está ocorrendo contra o povo palestino", ao fornecer ajuda a "um estado de *apartheid*".

Certamente, o *Black Lives Matter* não é uma organização monolítica. É um movimento envolvendo vários grupos, e muitos de seus apoiadores não têm ideia do que diz a plataforma. Eles não podem ser culpados por apoiar o movimento ou sua missão básica. Entretanto a plataforma é a coisa mais próxima de uma declaração formal de princípios da organização *Black Lives Matter*. Ela

---

[63] GETTLEMAN, Jeffrey; YASIR, Sameer. Hundreds of Police Killings in India but No Mass Protests. *The New York Times*, [S. l.], p. 1-6, 20 ago. 2020. Disponível em: https://www.nytimes.com/2020/08/20/world/asia/india-police-brutality.html. Acesso em: 23 nov. 2021. O argumento de que Israel recebe tratamento diferenciado porque recebe considerável ajuda estrangeira e militar dos EUA é desmentido pelo fato de que a Índia também - bem como outros países com abuso policial - recebe ajuda dos EUA. Mesmo se os EUA encerrassem sua ajuda a Israel, a esquerda radical não encerraria sua crítica singular ao estado-nação do povo judeu.

CAPÍTULO 7

define as políticas da organização. O parágrafo sobre genocídio pode muito bem ter sido injetado por radicais que não representam a corrente dominante. Contudo, agora que foi oficialmente publicado, todos os defensores decentes de *Black Lives Matter* - e há muitos - devem exigir sua remoção.

Criticar Israel não é antissemita. Como outras democracias, incluindo a nossa, possui falhas. Criticar as políticas de ocupação e assentamento de Israel é um jogo justo. Escolher Israel, no entanto, para acusá-lo falsamente de "genocídio", não pode ser explicado de outra forma, exceto como um ódio flagrante aos judeus e a seu Estado. Como disse, com propriedade, o colunista do *New York Times*, Tom Friedman: "Criticar Israel não é antissemita, e dizer isso é vil. Porém apontar Israel para o opróbrio e a sanção internacional - desproporcional a qualquer outra parte no Oriente Médio - é antissemítico, e não dizer isso é desonesto".

Por esse padrão, a plataforma *Black Lives Matter* é antissemita, e dizer o contrário é desonesto. Além de antissemita, é também anti-histórica.

Na defesa de seus cidadãos contra o terrorismo, desde antes de seu estabelecimento como Estado, em 1948, Israel matou menos palestinos do que a Jordânia e a Síria, em duas guerras muito mais curtas. O número, relativamente baixo, de mortes de civis causadas por medidas de autodefesa israelenses, nos últimos três quartos de século, compara-se favoravelmente ao número de mortes de civis em outros conflitos. Isso porque, como disse o coronel Richard Kemp, ex-comandante das Forças Britânicas no Afeganistão: Não houve "nenhum momento na história da guerra, em que um Exército tenha feito mais esforços para reduzir as baixas civis [...] do que [as Forças de Defesa de Israel]". Embora Kemp estivesse se referindo, especificamente, às guerras na Faixa de Gaza - que também são o foco aparente da plataforma *Black Lives Matter* - sua conclusão é aplicável a todas as guerras travadas por Israel.

Genocídio significa o extermínio deliberado de uma raça, como o feito pela Alemanha nazista aos judeus e aos Sinti e Roma (ciganos)[64], ou pelos hutus contra os tutsis, em Ruanda, ou pelos turcos contra os armênios. Não se aplica a mortes causadas por medidas de autodefesa, tomadas para proteger os cidadãos contra o terrorismo. Se assim fosse, quase todos os países em guerra seriam

---

[64] Os Roma, ou Romani, são o que conhecemos – em português – como ciganos. Seti é o nome de um dos três maiores subgrupos de ciganos. (N. E.)

culpados. Acusar Israel falsamente de "genocídio" - o pior crime de todos, e crime cujo próprio nome foi cunhado para descrever o assassinato sistemático de seis milhões de judeus - é, pura e simplesmente, antissemita. Não há como contornar essa verdade.

Defensores do *Black Lives Matter* argumentam que a inclusão dessa crítica a Israel não é antissemita, mas meramente antissionista. Isso é falso. Como professor de direito durante cinquenta anos, frequentemente usei "casos hipotéticos" - os alunos os chamavam de "hipos" - de forma a aprofundar a análise de um problema. Portanto, considere a seguinte hipo: imagine um mundo onde houvesse apenas uma nação negra africana - uma nação construída, em grande parte, por homens e mulheres negros, anteriormente escravizados. Imagine ainda que essa nação negra singular tivesse um bom histórico no meio ambiente, nos direitos dos homossexuais, na igualdade de gênero, nos direitos humanos e na defesa de si mesma contra os ataques de nações predominantemente brancas. Porém, como acontece com todas as nações, a nação negra estava longe de ser perfeita. Teve suas falhas e imperfeições.

Agora imagine ainda que organizações benfeitoras na América, e em todo o mundo, escolhessem a nação negra para uma condenação única. Por exemplo: imagine que um grupo ambientalista, ou de direitos gays, publicasse uma plataforma na qual criticasse as políticas ambientais, ou de direitos gays, de sua própria nação, mas depois fizesse o possível para destacar apenas uma outra nação - a nação negra - entre todos os outros poluidores e países homofóbicos do mundo.

Alguém hesitaria em descrever a escolha da única nação negra do mundo para condenações únicas como um ato de intolerância, motivado pelo racismo contra o negro? Se for esse o caso, como é diferente, quando *Black Lives Matter* escolhe o único estado-nação do povo judeu para uma condenação única e imerecida? A aplicação de um padrão duplo, baseado na religião, não é tão ruim quanto um padrão duplo baseado na raça?

Lembro-me de uma história envolvendo o ex-presidente antissemita de Harvard, A. Lawrence Lowell. Ele justificou as cotas antijudaicas afirmando que "os judeus trapaceiam". Quando um distinto ex-aluno apontou que os não judeus também trapaceiam, Lowell respondeu: "Você está mudando de assunto; estamos falando sobre judeus". Bem, você não pode falar apenas sobre judeus

CAPÍTULO 7

ao discutir trapaças, e não pode falar apenas sobre o estado-nação do povo judeu quando estiver discutindo violações aos direitos humanos.

Criticar Israel por suas imperfeições não é apenas justo, é desejável, mas somente quando se baseia em um único padrão de comparação, com outras nações do mundo. Condenar o estado-nação do povo judeu sozinho, em um mundo com criminosos muito maiores, não pode ser justificado por nenhum princípio moral. É, pura e simplesmente, antissemita. E a plataforma do *Black Lives Matter* é culpada do grave pecado, e crime, de antissemitismo.

Até que, e a menos que, a *Black Lives Matter* remova essa difamação de sangue de sua plataforma e a renuncie, nenhuma pessoa decente - negra, branca, ou de qualquer outra origem racial ou étnica - deve ter algo a ver com ela, como organização[65]. Devemos continuar a lutar contra os abusos policiais, apoiando outras organizações ou formando novas. Entretanto não devemos nos tornar cúmplices na promoção do antissemitismo, só porque concordamos com o restante do programa *Black Lives Matter*.

Apoiar uma organização ou movimento que promova o antissemitismo, porque também apoia boas causas, é o início do caminho para aceitar o racismo. Muitos grupos racistas também promoveram causas merecedoras de apoio. A Ku Klux Klan organizou acampamentos de verão para famílias da classe trabalhadora, enquanto defendia a violência contra os negros. Os Panteras Negras tinham programas de café da manhã para crianças do centro da cidade, enquanto defendiam a violência contra os brancos. Henry Ford construiu bons carros, enquanto promovia o antissemitismo radical. E Mussolini fez os trens andarem na hora.

Deve haver tolerância zero com o antissemitismo, independentemente da raça, religião, sexo ou orientação sexual dos fanáticos que o promovem, praticam ou são cúmplices dele. Estar do lado certo de uma questão racial não dá a ninguém a licença para estar do lado errado do preconceito mais antigo.

Aceitar o preconceito antijudaico do *Black Lives Matter* seria engajar-se em racismo reverso. O antissemitismo negro é tão imperdoável quanto o

---

[65] A declaração *Black Lives Matter* diz que "#BlackLivesMatter é uma rede baseada na autodeterminação negra, e capítulos da BLM se reservam o direito de limitar a participação com base neste princípio". O site deles também descreve nossa sociedade como uma "sociedade heteropatriarcal", na qual "normalidade [é] definida pela 'supremacia branca'".

antissemitismo branco ou o racismo branco. Não pode haver um padrão duplo quando se trata de intolerância.

Escrevo esta crítica com tristeza e raiva. Com tristeza porque apoio os objetivos do movimento *Black Lives Matter* - há muito tempo estou envolvido em esforços para expor e prevenir abusos policiais - e me preocupo que essa plataforma desagradável e divisionista possa destruir sua credibilidade em relação ao abuso policial na América ao promover mentiras deliberadas sobre Israel. Ela também está alienando judeus e outros apoiadores, que poderiam ajudá-los a alcançar seus objetivos aqui em casa - como muitos desses indivíduos têm feito historicamente ao apoiar ativamente todos os aspectos do movimento pelos direitos civis.

Escrevo com raiva, porque nunca há desculpa para fanatismo nem para promover difamações de sangue contra o povo judeu e seu Estado. Isso precisa parar. E aqueles empenhados nisso devem ser chamados à condenação.

Também escrevo por medo, porque a organização *Black Lives Matter* se tornou tão poderosa, difusa e influente. Temo que qualquer coisa dita por ela em sua plataforma passe a ser a crença de muitos de seus apoiadores. Caso as mentiras do genocídio venham a conquistar a crença de um grande número de pessoas decentes, mas ingênuas, isso poderia colocar Israel, sionistas e judeus em perigo.

O *Black Lives Matter* deve cancelar as partes da plataforma que acusam Israel falsamente de genocídio e *apartheid*. Do contrário, corre o risco de acabar na lata de lixo da história, junto com outros grupos preconceituosos desacreditados.

Seria triste se o bom trabalho realizado pelo *Black Lives Matter* fosse agora desviado devido à acusação mentirosa e irrelevante de "genocídio" e "*apartheid*" contra uma democracia estrangeira - Israel.

Aqui está um exemplo onde o cancelamento poderia produzir um resultado positivo: o *Black Lives Matter* deveria cancelar seu ataque antissemita, mentiroso e singular ao estado-nação do povo judeu. Caso recuse, as pessoas de boa vontade deveriam cancelar o *Black Lives Matter* como *organização*, mas não como *conceito*, e continuar a apoiar a justiça racial através de outras organizações não fanáticas.

Alguns podem argumentar que a plataforma antissemita consiste apenas de palavras. Entretanto palavras são importantes e têm impacto nas ações.

CAPÍTULO 7

As palavras preconceituosas na plataforma *Black Lives Matter* podem muito bem ter levado às ações preconceituosas de alguns manifestantes. Após a morte indesculpável de George Floyd, protestos justos surgiram em todo o mundo. Entretanto, tragicamente, alguns manifestantes, especialmente da extrema esquerda, tentaram explorar os protestos, de forma a levantar suas típicas acusações infundadas contra Israel. Sinais e gritos, em vários protestos, tentaram culpar Israel - falsamente, ao que parece - por treinar os policiais responsáveis pela morte de Floyd, ou comparar a brutalidade policial na América, com os esforços legítimos dos militares de Israel para prevenir atos de terrorismo contra civis. Um cartum em circulação nas redes sociais mostra um policial americano com o joelho no pescoço de um afro-americano, e um soldado israelense com o joelho no pescoço de um palestino. O policial e o soldado estão se abraçando. A legenda acima diz: "*Black Lives Matter*", embora não haja nenhuma evidência de que a organização - independentemente de sua plataforma - tenha algo a ver com esse desenho animado preconceituoso. Uma pintura de George Floyd, vestindo um *keffiye* palestino, também está circulando. Grafites contra Israel - "F...-se Israel", "Palestina livre" - foram pintados em paredes de sinagogas em Los Angeles, durante manifestações antirracistas.

Esse preconceito de "culpe Israel" ou "culpe os judeus" é comum em todo o mundo, em manifestações por causas legítimas, não relacionadas com o Oriente Médio. Extremistas de esquerda contrários a Israel tentam promover a propaganda "interseccional" de que todos os males do mundo são produzidos por democracias brancas privilegiadas, como os Estados Unidos e Israel. Extremistas islâmicos - que são difíceis de classificar como esquerda ou direita - usam qualquer desculpa para demonizar Israel. Extremistas antissemitas da extrema direita sempre tentaram culpar os judeus por todos os males do mundo. Uma antiga expressão polonesa resumia bem: "Se há problemas no mundo, os judeus devem estar por trás deles". Hoje, isso foi expandido pela extrema esquerda e por extremistas islâmicos para incluir o estado-nação do povo judeu entre os causadores dos problemas do mundo, que vão do capitalismo à destruição do meio ambiente e à violência policial. Clare Short, parlamentar trabalhista britânica, culpou Israel pelo "aquecimento global", bem como pela "amarga divisão e violência no mundo", afirmando que pode um dia ser a causa do "fim do mundo".

Historicamente, os judeus sempre foram pegos entre o preto do fascismo e o vermelho do comunismo. Isso era verdade nas décadas de 1920 e 1930 na Europa, e existe o perigo de se manifestar agora, durante esta época de extremismo, quando fanáticos de ambos os lados estão preparados para usarem os judeus e seu estado-nação como bode expiatório.

Aqueles que são tanto judeus quanto liberais - apoiadores de Israel e opositores da violência policial injustificada - devem estar dispostos a participar e encorajar protestos legítimos contra a violência policial, como o registrado em vídeo, no caso Floyd. Devemos nos levantar e ser ouvidos na condenação de tais violações. Entretanto devemos nos levantar e ser ouvidos contra aqueles que explorariam tragédias para fomentar a violência contra os judeus e o estado-nação do povo judeu.

Não devemos generalizar: a grande maioria dos manifestantes está focada nas injustiças da má conduta policial. Porém não podemos ignorar aqueles - mesmo sendo numericamente poucos, relativamente - que transformariam esses protestos em ataques intolerantes contra Israel. Intolerância sem resposta cresce em tamanho e intensidade.

O silêncio não é uma opção diante de qualquer injustiça. Vidas negras são muito importantes, assim como vidas palestinas. O mesmo acontece com vidas de judeus e israelenses. Não devemos ter medo de ser criticados por condenar o fanatismo, por todos os lados. Como disse o grande sábio Hillel, há 2.000 anos: "Se eu não for por mim mesmo, quem será por mim? Se eu for por mim mesmo, sozinho, o que sou?" Ele encerrou sua declaração com um apelo à ação: "E se não for agora, quando?".

Agora é a hora de protestar contra a injustiça das mortes de George Floyd e de outros homens e mulheres afro-americanos, alvos injustos de policiais com excesso de zelo e, muitas vezes, racistas. Entretanto agora é também a hora de falar contra aqueles que sequestrariam esta história trágica, de forma a manifestar o mais antigo preconceito contínuo conhecido pela humanidade, ou seja, o antissemitismo.

A organização *Black Lives Matter* faria muito bem se cancelasse a referência antissemítica de sua plataforma a Israel, e se não permitisse que seus dignos protestos contra a injustiça racial nos Estados Unidos fossem sequestrados por fanáticos contrários a Israel.

CAPÍTULO 7

Adendo

    Quando este livro estava indo para a impressão, o *Jerusalem Post* relatou que o *Black Lives Matter* está "convocando uma Convenção Nacional Negra, onde irá revelar outra plataforma política", e que "um resumo de dez páginas da plataforma 2020 [...] não contém nenhuma menção de Israel [...]". Um representante do movimento "não podia dizer com certeza se a plataforma completa incluiria qualquer menção a Israel", mas que "perder a linguagem completamente poderia tornar o *Black Lives Matter* vulnerável às críticas de ativistas pró-palestinos, muitas vezes em coalizão com grupos antirracistas"[66]. Seria um desenvolvimento positivo se a nova plataforma cancelasse a anterior, antissemita, e demonstrasse que os protestos contra o antissemitismo às vezes funcionam.

---

[66] SALES, Ben. New Movement for Black Lives Platform Contains No Mention of Israel. *The Jerusalem Post*, [S. l.], p. 1-5, 29 ago. 2020. Disponível em: https://www.jpost.com/diaspora/antisemitism/new-movement-for-black-lives-platform-contains-no-mention-of-israel-640351. Acesso em: 23 nov. 2021.

capítulo 8

Capítulo 8

Cancelando a Bíblia, que ordena a justiça pessoal, mas não o padrão duplo da "justiça identitária"

A cultura do cancelamento viola não apenas as normas constitucionais, datadas de mais de dois séculos atrás, mas também as normas bíblicas, que remontam a três milênios.

A Bíblia tinha muito a dizer sobre a cultura do cancelamento, justiça, devido processo legal e falsas acusações, que vale a pena observar hoje em dia. No *Capítulo 4*, escrevi sobre a abordagem da Bíblia para julgar pessoas imperfeitas, que eram "justas" em sua geração, mas não pelos padrões atuais. Neste capítulo, discuto a abordagem da Bíblia para a justiça e o devido processo legal.

Recentemente, celebrei o sexagésimo nono aniversário do meu Bar Mitzvah. Para comemorar, meu filho me filmou cantando a mesma porção da Torá que cantei em 1951, no Brooklyn. As palavras que entoei foram escritas há três mil anos. No entanto nenhuma revisão é necessária, de forma a torná-las relevantes ao mundo de hoje.

Minha porção começa com uma ordem aos israelitas para "nomear juízes e magistrados, em todas as suas cidades". Os juízes são então ordenados a não perverter a justiça, mostrando favoritismo ou aceitando subornos, o que "cega os olhos dos sábios e perverte as palavras justas". Em seguida, vem o comando central, talvez de toda a Torá: "Justiça, Justiça você deve perseguir." Na verdade, a palavra "perseguir" não é tão forte no inglês (*pursue*) quanto no hebraico. A palavra hebraica, *tirdof*, significa, literalmente, perseguir ou correr atrás. É como se Deus estivesse dizendo a seu povo que a busca por justiça nunca é vencida. Deve sempre ser perseguida ativamente. Ninguém pode jamais descansar, satisfeito que a justiça foi alcançada.

Pense nessa demanda por justiça ativa, face à injustiça racial que assolou nosso país desde sua fundação. Na década de 1860, os americanos acreditavam que o racismo havia terminado com a vitória sobre os Confederados e com a promulgação da 13ª, 14ª e 15ª Emendas. Na década de 1940, muitos pensaram que a justiça racial havia sido alcançada quando o exército foi integrado. Na década de 1950, pensávamos que a justiça havia sido alcançada quando o Suprema Corte ordenou a dessegregação das escolas públicas. Na década de 1960, os direitos civis e o ato de voto prometiam justiça igual. Em cada geração, a busca por justiça tem alcançado resultados cada vez melhores. Há muito mais justiça racial hoje, comparado a qualquer momento de nossa história. Entretanto ninguém pode, olhando para a América de hoje, concluir legitimamente que tenhamos alcançado a justiça final para os afro-americanos. O mesmo é verdade para outros grupos desfavorecidos e discriminados. Estamos em um caminho sem fim.

Nunca devemos nos contentar com o *status quo*, certamente no que diz respeito à justiça. Uma frase em *O Mercador de Veneza* faz essa observação implicitamente. Shylock foi forçado a se converter, sob ameaça de morte. Quando é questionado se realmente se converteu do judaísmo ao cristianismo, responde: "Estou satisfeito". Sua resposta provava - sempre pensei, sem sombra de dúvida - que ele não era mais judeu. Porque nenhum judeu jamais fica satisfeito. Não é da natureza dos judeus ficarem satisfeitos e não é da natureza de qualquer pessoa crente na Bíblia contentar-se com o atual estado da justiça.

Os comentaristas da Bíblia frequentemente perguntam por que Deus repetiu as palavras justiça. Não teria sido o suficiente para Ele ordenar: "Justiça você deve perseguir"? Mas não: Deus diz, "justiça, justiça". Não há palavras extras na Bíblia. Cada palavra tem um significado. Assim, vários comentários foram oferecidos sobre o significado da duplicação. Alguns consideram que uma se refere à justiça substantiva, enquanto a outra, à justiça processual. Outros dizem ser uma justiça para a vítima, a outra para o acusado. Outros ainda afirmam não existir uma definição única de justiça: conhecemos a injustiça quando a vemos, mas não há acordo sobre o que constitui a justiça perfeita. É da natureza do comentário bíblico que nunca tenha fim. Cada geração traz novas interpretações e novos *insights* sobre os significados de palavras antigas.

Tive a sorte de ter meu Bar Mitzvah caindo na semana na qual esta parte bíblica, em particular, é lida por judeus em todo o mundo. Sempre acreditei que me enviava uma mensagem. Dediquei minha vida à busca de justiça para os outros, desde minha primeira oposição à pena de morte, quando estava no colégio, até o trabalho *pro bono* que faço com a Aleph, maravilhosa organização Chabad, prestadora de serviços a homens e mulheres presos pelo mundo. Agora, aos 82 anos, estou exigindo justiça para mim, contra minha falsa acusadora. Já consegui justiça em termos de evidências, as quais provam, conclusivamente, a qualquer pessoa de mente aberta, ser impossível que eu fizesse, ou pudesse ter feito, o que ela falsamente me acusou. Alguém poderia pensar que isso seria o suficiente, mas não é. Não na era da cultura do cancelamento e do #MeToo, em que a evidência e a falta dela contam pouco.

Nesta era de política identitária, o mais importante é a identidade do acusador e do acusado: sempre acredite nas mulheres, independentemente de seu histórico de mentiras, ou independentemente do histórico do acusado de dizer a verdade e de sua probidade sexual. A Bíblia ensina o contrário. Em minha porção, os juízes são orientados a não levar em conta a identidade. As palavras em hebraico são "*Lo takir panim*", o que significa: não baseie sua decisão nos rostos ou identidades dos litigantes. Ao invés disso, baseie-a nos fatos e nas evidências. Eu gostaria que as pessoas seguissem, hoje, essa sabedoria de 3.000 anos.

Também gostaria que os juízes e promotores prestassem mais atenção a outro mandamento de minha porção bíblica: "Os juízes inquirirão diligentemente; e eis que se a testemunha for uma testemunha falsa, e tiver testemunhado falsamente contra seu irmão [ou irmã], então fareis com ele [ou ela] como ele [ou ela] propôs fazer contra seu irmão [ou irmã]". Convidei promotores e juízes a "inquirirem diligentemente" sobre mim e minha acusadora. Se o fizerem, concluirão que ela "testemunhou falsamente", devendo ser punida sob a lei do perjúrio.

Eu, pelo menos, continuarei a viver e a trabalhar, no espírito do mandamento de perseguir "justiça, justiça". Justiça para os explorados sexualmente. E justiça para os falsamente acusados - como o foi José na Bíblia - de má conduta sexual. Estou confiante de que a justiça e a verdade prevalecerão no meu caso, não importa quão longa seja a estrada, ou quão exaustiva seja a perseguição.

Também lutarei contra as injustiças da cultura do cancelamento e, especialmente, sua recusa em aderir aos mandatos, tanto da Bíblia quanto de nossa Constituição.

capítulo 9

Capítulo 9

Cancelando evidências, ciência, e a Constituição: argumentos contra vacinas

Muitos, na extrema esquerda e na extrema direita, compartilham uma cegueira comum com relação à ciência, às evidências e aos fatos. A ideologia supera a prova e determina a verdade. Não surpreende que, apesar das evidências científicas das vacinas, existam pessoas contrárias a elas em ambos os extremos do espectro político.

Recentemente fui entrevistado sobre eventos atuais, quando o assunto mudou, repentinamente, para a vacinação. Expressei uma opinião, defendida por mim há meio século: é constitucional o governo obrigar os cidadãos a serem vacinados contra doenças letais altamente contagiosas. Não a considerei uma declaração controversa. Tampouco achei polêmico dizer que eu, pessoalmente, seria vacinado, caso uma vacina segura fosse desenvolvida contra a covid-19. Cresci durante a epidemia de poliomielite, e nossos heróis foram Jonas Salk e Albert Sabin, os quais desenvolveram as primeiras vacinas que virtualmente erradicaram o flagelo da poliomielite - doença altamente contagiosa, que matou um amigo meu no ensino fundamental.

Nem estou sozinho ao argumentar a constitucionalidade da vacinação sob tais circunstâncias. Durante a primeira década do século XX, a Suprema Corte manteve a vacinação obrigatória contra a varíola, doença que dizimou o mundo por muitos anos. Acredito que a atual Suprema Corte - dividida como está em tantas questões - manteria uma lei de vacinação obrigatória razoável. Fiquei chocado, portanto, com a reação ao que acreditei ser uma declaração não controversa. Meus *e-mails* incluíam ameaças - tanto seculares quanto religiosas -, bem como ataques antissemitas. Eles também incluíram algumas críticas sobre meus pontos de vista e algum material sobre os alegados perigos de algumas vacinas. Bobby Kennedy ligou e me enviou por escrito algumas informações interessantes, oferecendo-se para debater comigo o assunto, o que eu aceitei[67].

Deixe-me esclarecer meus pontos de vista como um libertário civil durante toda a vida, crítico dos poderes excessivos do governo. O governo não tem autoridade legítima para obrigar um adulto competente a aceitar um tratamento médico que beneficie apenas a ele ou a ela. Por exemplo, se uma vacina contra o câncer ou doenças cardíacas fosse desenvolvida, cada um de nós poderia decidir por si mesmo se a tomaria. Acredito no direito de morrer, assim como no de viver. Entretanto, caso uma vacina seja desenvolvida, testada e projetada para prevenir a propagação da covid-19, varíola, ebola, poliomielite ou de outra doença mortal altamente contagiosa, caso seja considerada segura pelos especialistas autorizados, o governo tem o poder de te obrigar a tomá-la - não para o seu próprio bem, mas para o bem de quem poderia pegá-la de você e morrer. Essa tem sido minha opinião durante mais de meio século. Coloquei dessa forma muitos anos atrás, no contexto do tabagismo: "Você tem o direito de tragar em qualquer lugar, mas não tem o direito de exalar perto de mim". Essa é uma variação do mantra tradicional das liberdades civis: "Seu direito de balançar o punho termina na ponta do meu nariz". Da mesma forma, seu "direito" de deixar a covid-19 destruir seus próprios pulmões termina na área ao redor do meu nariz, olhos e boca.

Em outras palavras, é razoável que o governo obrigue o uso de máscaras, exija o distanciamento social e previna grandes aglomerações. Também pode obrigar a vacinação, de forma a evitar que você me transmita uma doença fatal.

---

[67] O debate pode ser visto no YouTube: HEATED Vaccine Debate - Kennedy Jr. *vs.* Dershowitz. Debate por Valuetainment. [S. l.: s. n.], 23 jul. 2020. 1 vídeo (78 minutos). Disponível em: https://www.youtube.com/watch?v=IfnJi7yLKgE. Acesso em: 23 nov. 2021.

CAPÍTULO 9

Teoricamente, você deve ter a opção de não tomar a vacina, caso concorde em não me colocar em perigo, permanecendo efetivamente em quarentena durante a pandemia. Entretanto isso seria difícil de aplicar. A vacinação de todos é também um bem público, visando a obter máxima imunidade de rebanho.

A fim de obrigar qualquer intrusão médica potencialmente perigosa visando ao bem público, o governo deve ser obrigado a garantir a máxima segurança, consistente com a necessidade iminente de proteção. Nunca pode haver uma garantia absoluta de segurança total para qualquer procedimento médico, mesmo uma injeção ou pílula. Tudo o que é exigido constitucionalmente em uma democracia é um processo para implementar o melhor julgamento de especialistas altamente qualificados e objetivos, e a capacidade de contestar a legislação nos tribunais. Isso vale para todas as ações governamentais envolvendo riscos, desde ações militares até a fluoretação do abastecimento de água.

Sempre haverá dissidentes, e seu direito de se opor às vacinações obrigatórias e outras invasões governamentais precisa ser protegido. Os debates - médicos, científicos, jurídicos, morais, políticos - devem continuar. Isso é essencial para a saúde de qualquer democracia. Porém, enquanto isso, o governo deve agir de modo a nos proteger de pandemias que ponham nossas vidas em perigo.

Espero, portanto, que cientistas de todo o mundo continuem seu importante trabalho de desenvolver uma vacina eficaz e segura, de forma a combater a atual pandemia. Esse é o primeiro passo essencial. Em seguida, vem a testagem. Porém é importante começar a discussão agora, sobre como lidar com quem se recusar a aceitar qualquer vacina, independentemente do quão segura e eficaz possa ser.

Algumas objeções são supostamente baseadas na ciência, enquanto outras estão enraizadas na religião. Abordei essas objeções em um artigo de opinião, logo após Nova Iorque ter eliminado as objeções religiosas à vacinação obrigatória[68]. Minha conclusão:

---

[68] DERSHOWITZ, Alan M. There is No Religious Right to Refuse Vaccination. *New York Daily News*, [S. l.], p. 1-5, 14 jun. 2019. Disponível em: https://www.ageofautism.com/2020/05/harvard-law-prof-alan-dershowitz-you-have-no-right-not-to-be-vaccinated.html. Acesso em: 23 nov. 2021.

Era a coisa certa a ser feita. Não há base constitucional para exigir uma isenção religiosa. Nem, em minha opinião, existem quaisquer argumentos religiosos plausíveis contra a vacinação obrigatória, para espalhar doenças transmissíveis e potencialmente letais.

Deixe-me justificar minha conclusão, abordando primeiro quaisquer argumentos religiosos convincentes: _____.

Deixei em branco, porque não há nenhum. Eu li muita literatura religiosa, especialmente judaica. Nunca encontrei um argumento religioso coerente contra a vacinação obrigatória para doenças contagiosas mortais. A lei judaica tem um conceito religioso predominante, chamado *"pikuach nefesh"* - o salvamento de vidas -, que eleva a proteção da vida humana acima de quase todos os outros valores.

A Bíblia judaica é escrupulosa ao exigir proteção contra doenças transmissíveis como a lepra. Não há nada na lei judaica exigindo que pais transformem seus filhos em "marias tifoides", infectando amigos, familiares, colegas de classe e vizinhos.

O alegado argumento religioso é rejeitado pela grande maioria dos rabinos, de todas as denominações, incluindo a grande maioria dos rabinos ultraortodoxos e hassídicos. Apenas um punhado de rabinos marginais prega essa filosofia antijudaica e antivida.

Desafio qualquer rabino para debater comigo sobre a lei religiosa judaica com relação à vacinação e às doenças transmissíveis. Ele perderá o debate, simplesmente porque não há base na lei judaica para tal argumento. A religião está sendo usada como um disfarce para uma equivocada oposição política, ideológica, conspiratória e pessoal à vacinação. Não acredite em nenhum rabino que diga o contrário.

Deixe-me agora voltar para o argumento constitucional: _____.

Outro espaço em branco, porque não há nenhum argumento que permitiria a um adulto saudável se recusar a ser vacinado, nem permitiria que pais se recusem a vacinar uma criança contra uma doença transmissível, mesmo na presença de razões religiosas plausíveis (inexistentes) para suas decisões.

Existem três categorias básicas de intervenção médica compulsória sobre as quais a Constituição tem algo relevante a dizer.

CAPÍTULO 9

A primeira categoria envolve obrigar um adulto competente a tomar medidas que salvem a sua vida, de modo a prevenir sua própria morte. Existem fortes argumentos constitucionais e de liberdades civis contra tal compulsão. Realmente não importa se a oposição a tais medidas é religiosa ou filosófica. Uma Testemunha de Jeová adulta pode ter uma forte reivindicação da Primeira Emenda contra receber uma transfusão de sangue para salvar sua vida. Entretanto um ateu também teria um argumento convincente. Na verdade, comparada à lei constitucional americana, a lei judaica é mais protetora da vida: ela proíbe um adulto competente de recusar um procedimento médico que salva vidas. Ela também proíbe o suicídio.

A segunda categoria é quando um pai é compelido a empregar procedimentos médicos de salvamento de forma a proteger a vida de uma criança. Os tribunais geralmente exigem que os pais salvem a vida de uma criança. Portanto, uma criança Testemunha de Jeová pode ser obrigada a receber uma transfusão de sangue, sem levar em conta a objeção religiosa de seus pais.

Agora chegamos à terceira categoria, aquela sobre vacinação obrigatória contra sarampo ou covid-19. Um pai não tem o direito constitucional de se recusar a vacinar uma criança contra uma doença altamente contagiosa e potencialmente letal, que pode matar não somente aquela criança (categoria dois) como também um amigo ou vizinho que não compartilhe da visão religiosa dos pais (categoria três).

Essa é a questão constitucional mais fácil que já enfrentei. Não há nenhum argumento convincente contra exigir a vacinação de uma criança contra doenças transmissíveis, independentemente da vontade dos pais e independentemente de suas objeções serem religiosas ou seculares.

Teoricamente, um pai poderia mover seu caso da categoria três para a dois (ou um adulto poderia movê-lo para a categoria um) se houvesse a garantia de que passariam todas as suas vidas em uma bolha, impedindo a propagação de doenças contagiosas. Ou talvez em uma comunidade antivax[69], que espalharia a doença apenas para outros da comunidade. A diferença é entre machucar a si mesmo e machucar os outros.

A posição libertária civil remonta a John Stuart Mill, e ainda mais longe na história intelectual. Não consigo me lembrar de nenhum pensador na

---

[69] Termo pelo qual estão sendo chamados aqueles que se opõem à vacinação compulsória. (N. E.)

história que jamais tenha defendido, de forma persuasiva, a posição contra a vacina. Não há nenhum argumento coerente - religioso, constitucional, civil-libertário ou de bom senso – a favor de permitir às pessoas a recusa em serem vacinadas contra doenças transmissíveis.

Além do cancelamento da vacina, está a questão mais ampla do cancelamento da ciência. Ele se estende à negação das mudanças climáticas, negação da violência armada, entre outras questões políticas importantes.

Nem sempre a ciência está certa em todos os momentos. Ao longo da história, coisas terríveis foram feitas em nome da ciência: esterilização eugênica e eutanásia, racismo "científico" na Alemanha nazista, bem como antissemitismo "científico". Entretanto coisas ruins também foram feitas em nome da religião, da política e de outras ideologias. No início da pandemia de covid-19, escrevi um artigo, intitulado: *Believe Science but be Skeptical of Scientists* ["Acredite na Ciência, Mas Seja Cético Quanto aos Cientistas"]. Ele exortava os leitores a serem céticos em relação aos especialistas que afirmam ter todas as respostas.

Eu sou um cético por natureza. Nunca acredito no que leio ou ouço, sem verificar de forma independente. Então, quando li que autoridades de saúde pública estavam incentivando as pessoas a *não* comprarem máscaras faciais porque não funcionam, fiquei em dúvida.

As autoridades também disseram que, se os indivíduos comprassem máscaras faciais em grande número, não haveria o suficiente para os profissionais da saúde. Nisso eu acreditei. Porém a combinação de razões - eles não funcionam, mas são importantes para os trabalhadores da saúde - imediatamente disparou o alarme em minha mente cética.

Se elas não funcionam para indivíduos comuns, por que deveriam funcionar para profissionais da saúde?

Talvez haja uma diferença relevante. Eu mantive uma mente aberta, mas cética, enquanto usava a única máscara N95 que comprei, por via das dúvidas.

Agora, parece que os funcionários da saúde pública que nos diziam para não comprar máscaras não estavam nos contando toda a verdade. Eles estavam nos dando apenas metade da equação.

Embora seja verdade que uma corrida em massa em direção às máscaras pode negá-las a profissionais de saúde, é igualmente verdade que as máscaras podem fornecer alguma camada de proteção, acima e além de outras precauções que todos deveriam tomar, como lavar as mãos e manter distanciamento social.

Quem nos enganou o fez deliberadamente, mas por um motivo benigno: eles realmente acreditavam ser mais importante que profissionais de saúde tivessem máscaras do que cada indivíduo as estocasse. Quando os profissionais ficam doentes, há um impacto maior na saúde pública do que se pessoas comuns pegassem o vírus.

A fim de garantir que indivíduos não colocassem sua própria segurança acima daquela da comunidade, foi tomada a decisão de apresentar os fatos de forma distorcida, desincentivando a compra privada de máscaras.

Embora bem-intencionado, esse plano saiu pela culatra. Muitas pessoas perceberam o estratagema e pensaram que se as máscaras eram boas para os profissionais de saúde, elas seriam boas para eles e suas famílias, e fizeram estoques delas. Então, tivemos uma situação de corrida às máscaras simultaneamente a uma diminuição na credibilidade concedida aos encarregados de nos dizer como reagir à crise.

O pior dos dois mundos. A honestidade nem sempre é a melhor política em emergências extremas. Contudo a desonestidade - mesmo quando positivamente motivada - provavelmente não funcionará por muito tempo em uma sociedade na qual a mídia social amplifica as vozes dos críticos e pessoas razoáveis não sabem em quem acreditar.

Eu também era cético quanto à outra afirmação: o vírus só seria contagioso através de contato físico com indivíduos infectados, ou com superfícies tocadas por eles.

Enfatizou-se, repetidamente, a impossibilidade desse vírus em particular ser contraído por transmissão aérea, ou aerossol. Em outras palavras, ele não viajaria pelo ar. Eu estava cético com relação a essa afirmação, pois parecia inconsistente com a velocidade e frequência das transmissões ocorridas em todo o mundo.

Disse a meus amigos e familiares para agirem como se pudessem contrair o vírus pelo ar. Não há nenhuma desvantagem em ser mais cuidadoso.

Pesquisas subsequentes confirmaram meu ceticismo. Agora, parece que o vírus pode permanecer suspenso no ar durante um período de tempo, embora ele perca sua potência ao cair no chão. Portanto, corremos o risco de pegar o vírus mesmo usando luvas, lavando as mãos e evitando tocar nas superfícies.

Provavelmente, também significa que máscaras podem ser ainda mais importantes do que éramos levados a acreditar, mesmo se fôssemos céticos sobre a mensagem "as máscaras não servem para nada".

Esses são apenas dois exemplos de mensagens falsas que temos recebido, especialmente nos estágios iniciais da pandemia, quando a ciência era mais anedótica do que cuidadosamente pesquisada. Conforme surgem mais dados, receberemos mais conselhos de cientistas, muitos dos quais, provavelmente, serão precisos, mas alguns dos quais, quase certamente, acabarão não sendo totalmente precisos.

Como devemos avaliar essa mistura de informação, desinformação, verdades parciais e falsidades absolutas às quais certamente seremos expostos? Não será fácil, especialmente na era das mídias sociais, onde todos são especialistas e todas as opiniões são criadas "igualmente".

Recentemente, circulou um cartum mostrando esse ponto. Ele mostra um cara típico olhando para seu computador e dizendo: "Isso é estranho: meus amigos do Facebook, que eram acadêmicos constitucionais há apenas um mês, agora são especialistas em doenças infecciosas [...]".

Em uma democracia permeada pelas mídias sociais, todo mundo se torna especialista em tudo, com o clique de um computador. Esse não é um argumento contra a ciência. É um argumento a favor de avaliar cuidadosamente, julgar, comparar e desafiar as afirmações científicas. Porém, no final, as melhores políticas devem ser baseadas na melhor ciência. Se cancelarmos a ciência, cancelamos a verdade.

É também um argumento para não explorar ou distorcer a ciência, ou eventos que dão origem à necessidade da ciência, de modo a obter vantagem ideológica ou partidária.

Enquanto o coronavírus assola o mundo, os partidários de ambos os lados procuram explorá-lo em seu proveito. Os oponentes dos pró-escolha[70] estão tentando fechar as clínicas de aborto, como instalações médicas "não essenciais". Os fanáticos da Segunda Emenda estão buscando reduzir os controles sobre o porte de armas. Extremistas ambientais estão sugerindo restrições permanentes ao uso de aviões e outros meios de transporte poluidores. Os defenso-

---

[70] Movimento político majoritariamente ligado à pauta pró-aborto e, mais recentemente, pró--eutanásia. (N. E.)

CAPÍTULO 9

res da saúde universal estão exigindo isso agora, apesar do fracasso dos países que a tem em prevenir a propagação da pandemia. Ambos os partidos, mas especialmente os republicanos, buscam regras de votação que os ajudem nas urnas. Porém, o mais perverso é a nova campanha para acabar com a chamada pandemia de pornografia, a qual, aparentemente, se espalhou agora, com tantas pessoas sozinhas em casa com seus computadores.

Os fanáticos contra a pornografia oferecem a seguinte comparação entre ela e o coronavírus:

> Como o coronavírus, o uso da pornografia é silencioso, mas mortal. É uma doença poderosa, que tem tido efeitos devastadores em nossa sociedade. Embora o coronavírus possa atrair mais manchetes hoje, a pornografia estará conosco durante muito tempo. Não se pode vacinar contra a pornografia. Ela possui uma indústria de quase US$ 100 bilhões dedicada à sua expansão mundial, e poucos são corajosos o suficiente para se oporem a ela.

Qualquer analogia entre uma pandemia ameaçadora à vida de milhões de homens, mulheres e crianças inocentes, e o uso voluntário de pornografia por adultos é, obviamente, absurda. Entretanto, segundo os fanáticos contrários à pornografia, seu uso não é voluntário - ela vicia, assim como o crack e a heroína. Eles alertam sobre "vícios em quantidades maiores e formas mais depravadas de pornografia". Embora não haja base científica para essa afirmação, ela é comumente feita por quem gostaria de torná-la ilegal.

Os fanáticos contra a pornografia estão agora se concentrando em sites que geralmente cobram pelo acesso, mas agora estão se tornando gratuitos. O objetivo é encorajar as pessoas a ficarem em casa e assistir, ao invés de arriscarem a fazer sexo com parceiros potencialmente infectados. Em seguida, eles apontam para o seguinte novo fenômeno: "Talvez o mais perturbador seja, relatou a *Vice News* no início deste mês, a onda de temas de coronavírus em sites pornôs como *Pornhub* e *xHamster*, provando uma conhecida máxima da internet: 'Não há nada - absolutamente nada - que a pornografia não sexualizará, se lhes der lucro'". Aparentemente, esses sites mostram atores e atrizes pornôs usando máscaras protetoras. Como isso representa algum perigo, os críticos não explicam.

Entretanto eles declaram: "A explosão da pornografia *online* é uma crise de saúde pública, reconhecendo a grave ameaça que representa para todos nós". Segundo eles, isso "não é exagero", mas certamente é.

Não tenho nenhum problema com os cruzados contra a pornografia exercendo seus direitos de Primeira Emenda, em um esforço para tentar negar os direitos de Primeira Emenda de produtores e consumidores de pornografia adulta. O mercado de ideias deve estar aberto a todos, mesmo em tempos de crise. Já estamos passando por uma diminuição em nossos direitos constitucionais de nos reunirmos, viajarmos, irmos à igreja, trabalharmos e nos reunirmos com a família. Entretanto essas medidas de emergência são temporárias e consideradas necessárias pelas autoridades de saúde pública. Segundo suas próprias palavras, os fanáticos contra a pornografia estão tentando reprimir, *permanentemente*, a livre expressão de imagens sexuais que consideram ofensivas. Eles estão usando a atual pandemia como desculpa para conseguir o que vêm tentando obter há anos. Porém escolheram a hora errada porque, se alguma vez houve uma justificativa para "remédios caseiros" contra a privação sexual, pode ser essa a hora.

Um artigo de opinião do diretor executivo do *American Principles Project* (Projeto Princípios Americanos) insiste: "Por pior que seja o coronavírus, não podemos lutar contra uma doença simplesmente trocando-a por outra. Agora, mais do que nunca, devemos nos unir para enfrentar a indústria da pornografia e derrotar a terrível epidemia de pornografia".

Eu responderia, dizendo: agora, mais do que nunca, não devemos dedicar recursos adicionais para restringir, desnecessariamente, liberdades básicas não relacionadas à necessidade de saúde pública de prevenção à propagação do coronavírus.

Passando para um assunto mais sério, alguns estados, especialmente o Texas, têm tentado fechar clínicas de aborto, alegando oferecerem procedimentos médicos não essenciais. Entretanto, como apontou corretamente o CEO do *Center for Reproductive Rights* (Centro para Direitos Reprodutivos), "é muito claro que os políticos antiaborto estão explorando descaradamente esta crise, de forma a alcançar seu objetivo ideológico de longa data, a proibição do aborto nos Estados Unidos". Para provar isso, ela cita os esforços de alguns estados para proibir as pílulas abortivas, bem como outros métodos de interrupção da gravidez, que não requerem hospitalização ou clínicas. Ela também aponta que proibir o aborto é muito mais perigoso para a saúde pública, porque forçará as mulheres a viajarem longas distâncias. Eles realizaram um estudo, segundo o qual mulheres em busca de abortos durante esta pandemia precisariam viajar até vinte vezes mais longe do que o normal, caso alguns estados fechassem as clínicas locais.

Algumas feministas radicais podem entrar em conflito sobre essas questões: elas apoiam a escolha quando se trata de aborto, mas rejeitam a escolha quando se trata de pornografia. A consistência pode não ser exigida ao se fazer escolhas privadas, mas é importante no que diz respeito às políticas públicas.

Outra área de conflito potencial, entre a ciência e a Constituição, surge quando os cientistas exortam os cidadãos a não exercerem seus direitos constitucionais de protestar, orar, ou se reunir.

O direito de protestar é garantido por nossa Primeira Emenda. O mesmo ocorre com o direito de se reunir pacificamente, de fazer uma petição ao governo, assim como de orar em uma casa de oração. Entretanto, as autoridades têm o poder de impor restrições, de tempo e maneira, a esses direitos importantes. Ninguém tem o direito de tocar seus alto-falantes e acordar vizinhos no meio da noite, ou de invadir assembleias legislativas para apresentar suas petições, de se reunir em propriedade privada sem qualquer permissão do proprietário, ou de bloquear a entrada de um prédio público.

Nesse contexto, surge a questão de saber se cidadãos protestando contra as atuais restrições ao deslocamento têm o direito constitucional de se reunir, violando as regras de distanciamento social. Eles certamente têm o direito de petição nas redes sociais e de outras maneiras que não coloquem em risco a saúde pública. Mas eles têm o direito constitucional de se reunir em grandes multidões, para expressar suas opiniões? A resposta depende de vários fatores.

A primeira é se as regras de distanciamento social são legalmente aplicáveis. Geralmente, o presidente e os governadores não têm autoridade para criar leis, pois somente os legislativos podem fazer leis executáveis através de prisão e acusação. Sob certas circunstâncias, os legislativos podem delegar a autoridade de criar regras aplicáveis ao poder executivo, ou seja, ao presidente, aos governadores ou aos prefeitos, mas isso deve ser expresso e específico. Os executivos não têm poder inerente para criar restrições à liberdade na ausência disso e, geralmente, fazem cumprir as leis promulgadas pelos legislativos. O presidente dos Estados Unidos *não* é o comandante-em-chefe de nossos *cidadãos*;

ele é apenas o comandante-em-chefe de nossas forças armadas. Os soldados devem seguir suas ordens, mas os civis não precisam, exceto quando autorizado por lei.

Algumas das ordens executivas estaduais restritivas à liberdade são de validade questionável sem autorização legislativa. Isso não significa que não devam ser obedecidas. Porém, caso não sejam obedecidas, pode ser difícil aplicá-las através de punições criminais. Caso os *lockdowns* permaneçam em vigor durante um período de tempo considerável, a legislação pode ser necessária para autorizar tais restrições de liberdade de longo prazo.

Portanto, a questão em torno dos recentes protestos em Washington, Oregon, Wisconsin, Michigan, Virgínia e em outros lugares é se os manifestantes estavam realmente violando quaisquer leis criminais aplicáveis, ou simplesmente desconsiderando quaisquer ordens executivas não executáveis. Trata-se, geralmente, de uma questão de lei local, que precisa ser respondida antes de chegarmos aos direitos sob a Primeira Emenda.

Somente caso as regras proibindo a reunião de manifestantes forem legalmente aplicáveis de acordo com a lei estadual é que chegaremos à questão de saber se essas regras violam a Primeira Emenda. Isso pode depender de quão amplas são as regras. Se forem feitas estreitamente sob medida para a crise atual, provavelmente serão consideradas satisfatórias à Primeira Emenda. Porém, se forem vagas e não limitadas no tempo, podem ser consideradas violadoras da Constituição.

Como disse Robert Jackson, juiz da Suprema Corte, "a Constituição não é um pacto suicida". Deve ser flexível o suficiente para garantir ao governo autoridade de, como observou Thomas Jefferson, "autopreservação e de salvar nosso país, quando em perigo". Entretanto a Constituição também deve servir como barreira contra governos que exploram crises de modo a expandirem seus poderes além das necessidades reais do momento. Isso está acontecendo na Hungria, na Turquia, e em outros regimes autoritários em todo o mundo. Não se deve permitir que isso aconteça neste país.

O Judiciário, especialmente a Suprema Corte, é composto pelas instituições governamentais autorizadas a atingir esse delicado equilíbrio. O judiciário geralmente defendeu os poderes de emergência usados durante verdadeiras crises de saúde pública, desde que esses poderes executivos sejam estreitamente definidos, razoavelmente exercidos e limitados no tempo.

CAPÍTULO 9

Considere o fechamento de igrejas. Pode ser razoável evitar a reunião de grandes multidões em prédios fechados para adorar. Entretanto pode não ser razoável impedir as pessoas de se sentarem em seus carros para ouvirem um sermão em um teatro ao ar livre, que tenha sido convertido em uma igreja temporária. Ou considere as pessoas dirigindo seus carros em frente a prédios do governo, buzinando durante o dia em protesto ou agitando bandeiras de cabeça para baixo. Essas acomodações podem, de fato, ser exigidas pela Primeira Emenda, mesmo durante emergências reais de saúde pública, caso não representem ameaças razoáveis de disseminação do coronavírus.

O que também pode violar a Primeira Emenda é a discriminação de casas de oração quando instituições seculares, que representem ameaças comparáveis à saúde pública, puderem permanecer abertas.

Deixando de lado todas as questões legais e constitucionais, os bons cidadãos devem cumprir as medidas razoáveis, elaboradas por funcionários responsáveis, para prevenir ou controlar a propagação dessa doença altamente contagiosa e mortal. Só porque existe o direito de protestar, não significa que seja necessariamente bom exercer plenamente esse direito quando fazê-lo pode colocar sua família, seus vizinhos ou sua comunidade em perigo. Um caso em questão é que os manifestantes podem ter o direito de gritar e insultar os profissionais de saúde, mas fazer isso é errado. Faça a coisa certa, mesmo se você tiver o direito de fazer a coisa errada.

No final, a ciência sempre prevalece. Ela não pode ser cancelada permanentemente porque se baseia no mundo como realmente é, e não no que alguns desejam que seja. Nós podemos restringir a ciência e limitar suas capacidades destrutivas enquanto encorajamos suas contribuições construtivas.

A ciência é um processo para alcançar certas verdades testáveis. Também podem existir outras verdades - religiosas, morais, ideológicas, políticas - não testáveis por métodos empíricos. Contudo mesmo essas "verdades" não durarão muito, caso entrem em conflito com a ciência.

capítulo 10

Capítulo 10

Cancelando eleições

Nos últimos meses, o uso mais assustador da palavra "cancelar" tem sido a ameaça de cancelar ou adiar eleições, especialmente a presidencial. Regimes tirânicos usam essa tática para permanecer no poder. Mesmo regimes democráticos, como a Nova Zelândia, adiaram as eleições por causa da pandemia.

E se a pandemia se agravasse tanto nos Estados Unidos, que a eleição não pudesse ser realizada? Não há razão aceitável para isso acontecer, pois existem alternativas para a votação ao vivo em um único dia. Contudo é possível, embora improvável, que o voto pelo correio possa se tornar inviável, caso a pandemia se torne tão pior a ponto de colocar em risco a vida dos funcionários dos correios.

Portanto, não é cedo demais para fazer a pergunta: o que a Constituição prevê caso uma emergência impeça uma eleição, antes do final do mandato do presidente? Isso nunca aconteceu antes e provavelmente não acontecerá este ano. Porém os professores de Direito são especialistas em avaliar cenários hipotéticos, então aqui está minha avaliação.

Começamos, é claro, com as palavras da Constituição. Elas, no entanto, não fornecem uma resposta definitiva, mas oferecem algumas conclusões claras. Na ausência de uma eleição, o presidente em exercício não continua servindo como interino, até uma eleição ser finalmente realizada. Ao contrário de alguns outros países, onde um titular serve até ser substituído, o mandato do nosso presidente termina em uma data específica, independentemente de um sucessor ter sido escolhido ou não.

A Vigésima Emenda especifica que: "Os mandatos do presidente e do vice-presidente terminam ao meio-dia" do dia 20 de janeiro. Nada poderia parecer mais claro. Ainda assim, o final desse parágrafo estabelece que "os termos de seus sucessores devem então começar". Porém e se nenhum sucessor for eleito? O presidente continua servindo como um titular de cargo provisório? A resposta é não, porque seu "mandato" termina, definitivamente, ao meio-dia do dia 20 de janeiro. Caso não seja reeleito, ele se torna cidadão comum nesse dia. Então quem atua como presidente? A própria Constituição não fornece uma resposta clara.

Ao contrário de quando um presidente sofre *impeachment*, ou morre, não existe um plano de sucessão claro para uma situação em que não houve votação. Nem a Décima Segunda Emenda fornece orientação caso não haja eleição. Ela prevê que a Câmara dos Representantes escolha o presidente caso nenhum candidato receba a maioria dos votos do colégio eleitoral em uma eleição.

A vigésima Emenda aborda a questão do que acontece se nem um presidente, nem um vice-presidente tiverem sido escolhidos "antes da hora fixada para o início de seu mandato". Refere-se, porém, a um cenário um tanto diferente:

> O Congresso pode, por lei, prever o caso em que nem um presidente eleito, nem um vice-presidente eleito, devem estar qualificados, declarando quem então atuará como presidente, ou a maneira pela qual aquele que deve agir será selecionado, e tal pessoa deve agir de acordo, até que um presidente ou vice-presidente se qualifique.

Entretanto, se não houver eleição, não há presidente ou vice-presidente eleito. O Congresso estabeleceu uma linha de sucessão "Se, por motivo de morte, renúncia, destituição do cargo, incapacidade ou incapacidade de se qualificar", não há "nem presidente, nem vice-presidente". Novamente, isso não parece abranger a ausência de uma eleição. Há uma lacuna óbvia em nossa constituição, porque os formuladores não contemplaram a possibilidade de não eleição. Contudo, mesmo que o Congresso tenha autoridade para

CAPÍTULO 10

preencher a lacuna constitucional, isso não está claro pela atual lei de sucessão, pois ela começa com o presidente da Câmara.

Entretanto não haveria nenhum presidente se não houvesse eleições nacionais, porque não haveria nenhuma Câmara, cujos membros seriam candidatos às eleições em novembro. Os mandatos de todos os membros da Câmara terminariam, segundo a Constituição, no dia 3 de janeiro. Haveria um Senado, com dois terços de seus membros, os quais não estavam concorrendo à reeleição, ainda servindo.

Isso é importante, porque o próximo candidato à presidência seria o presidente *pro tempore* do Senado. Hoje, é o senador republicano Charles Grassley. Porém, se não houvesse eleição, poderia haver uma maioria democrata entre os dois terços restantes dos senadores, que não eram candidatos à reeleição (a menos que governadores, ou legislaturas estaduais, tenham permissão para preencher cadeiras vagas no Senado - outra incerteza). Tradicionalmente, o senador da maioria, com mais tempo no cargo, recebe a honra de servir como presidente provisório. Atualmente, seria Patrick Leahy, senador democrata de Vermont. Entretanto a maioria democrata poderia eleger qualquer senador em exercício para esse cargo, até mesmo Bernie Sanders. Se o estatuto de sucessão abranger uma não eleição, o que por si só é duvidoso, o senador democrata selecionado para servir como presidente provisório se tornaria o próximo presidente.

As alternativas a uma eleição são impensáveis em uma democracia: uma nação sem presidente e legislatura ativa, ou um presidente interino não claramente autorizado por lei.

Devido à total incerteza de qualquer alternativa a uma eleição, é do interesse de ambas as partes, e de todos os americanos, garantir uma realização oportuna, justa e segura às eleições de 2020.

Portanto, é extremamente improvável que uma eleição presidencial possa algum dia ser cancelada. Contudo é altamente provável que os resultados de tal eleição possam ser calorosamente contestados, como foram em 2000.

capítulo 11

Capítulo 11

Poderia um Presidente cancelar o devido processo legal ao declarar lei marcial?

O cancelamento final dos direitos constitucionais, especialmente do devido processo, ocorreria se um presidente tentasse declarar a lei marcial, em resposta a uma crise nacional, como uma pandemia ainda pior, ou um aumento da violência, decorrente de manifestações contra a injustiça racial, ou uma eleição disputada, que tenha resultado em violência.

A Constituição não diz nada, surpreendentemente, sobre a questão da lei marcial. Isso surpreende porque a lei marcial não era incomum na fundação, e várias constituições estaduais a previam em casos de emergência. O mais próximo que a Constituição chega quanto a isso é ao declarar a proibição de suspender o recurso de *habeas corpus* "a menos que, em casos de rebelião ou invasão, a segurança pública o exija". Nós não estamos, definitivamente, experimentando uma invasão; nem os distúrbios atuais - violentos como alguns (mas não outros) têm sido - se qualificam como rebelião. Assim, mesmo que o presidente procurasse declarar a lei marcial, alegando ser inerente a seu poder de comandante-em-chefe das Forças Armadas, os tribunais teriam a última palavra, pois cidadãos detidos sem o devido processo poderiam assegurar a revisão judicial através da ordem judicial do *habeas corpus*.

O que fariam então os tribunais se o presidente declarasse a lei marcial e os militares prendessem os manifestantes? A resposta é cristalina: ninguém sabe. Não há precedentes diretos para tal ação quando nossa nação não está em guerra. Até mesmo os precedentes do tempo de guerra falam com vozes diferentes. O presidente Lincoln suspendeu o *habeas corpus* durante a rebelião que chamamos de Guerra Civil. O presidente Roosevelt ordenou o confinamento de mais de 100.000 americanos de ascendência japonesa após Pearl Harbor, e a lei marcial foi declarada no então território do Havaí. Em um caso surgido durante a Guerra Civil, os juízes usaram uma linguagem exagerada, apontando que os autores:

> [V]imos que tempos difíceis surgiriam quando governantes e povo ficariam sob restrição e buscariam medidas agudas e decisivas para realizar fins considerados justos e apropriados; e que os princípios da liberdade constitucional estariam em perigo, a menos que estabelecido por lei irreparável [...].
>
> A nação [...] não tem o direito de esperar que sempre tenha governantes sábios e humanos, sinceramente apegados aos princípios da Constituição. Homens perversos, ambiciosos por poder, com ódio à liberdade e desprezo pela lei, podem preencher o lugar uma vez ocupado por Washington e Lincoln, e se esse direito [de suspender as disposições da Constituição, durante as grandes exigências do governo] for concedido e calamidades de guerra nos sobrevierem novamente, os perigos para a liberdade humana são terríveis de contemplar.

Porém, apesar dessa linguagem, o tribunal permitiu a detenção do cidadão. Os governadores declararam a lei marcial, em resposta a todos os tipos de distúrbios domésticos, desde greves a motins, e disputas pela produção de petróleo. Em um caso envolvendo um conflito entre mineradores de carvão e proprietários, o juiz Oliver Wendell Holmes Jr. escreveu que um governador pode apreender "os corpos daqueles que atrapalhem a restauração da paz". Os tribunais geralmente não se intrometem no exercício de tais poderes extraordinários, enquanto as emergências persistirem. Entretanto têm insistido que terminem ao final da emergência.

CAPÍTULO 11

A história da lei marcial em nossos estados foi decididamente mista, com inúmeros abusos e excessos. Isso não deveria surpreender, uma vez que "lei marcial" é uma contradição em termos. Se for marcial, ou seja, o governo dos militares ou da polícia, não é lei. É poder.

Se um presidente, diferentemente de um governador, decidisse declarar lei marcial em toda a nação, ou mesmo em alguns estados ou regiões, ele precisaria da aprovação do Congresso? Uma questão relacionada é se o Congresso já deu ao presidente autoridade para declarar a lei marcial ou suspender direitos individuais.

Existem vários estatutos possivelmente relevantes, mas nenhum é definitivo. Se o presidente alegasse que a combinação de distúrbios violentos, com a ameaça de uma nova disseminação do coronavírus, justificasse o uso dos militares e/ou a suspensão de certos direitos básicos, ele estaria embarcando em águas desconhecidas. Os tribunais também. Não há precedente governamental para uma combinação de perigos como os enfrentados hoje. Os tribunais olhariam para as invocações anteriores da lei marcial e de poderes de emergência de forma a buscar orientação.

Em um artigo recente, Linda Greenhouse, jornalista do *New York Times*, relatou a existência de documentos de ação de emergência presidencial, que estão "bem escondidos do radar, prontos para serem invocados, sem supervisão do Congresso ou mesmo aviso":

> O texto desses documentos, numerados entre 50 e 60 [...] nunca foi divulgado, e os poderes que os documentos pretendem conceder ao presidente, evidentemente, nunca foram invocados. Acredita-se que autorizem ações drásticas, como a suspensão presidencial do *habeas corpus*, buscas sem mandado e imposição da lei marcial.

No início dos anos 1970, escrevi uma série de artigos sobre a história da lei marcial e poderes de emergência. Foi assim que resumi nosso histórico misto:

> O que seria então razoável esperar de nossos tribunais, se algum presidente americano, durante um período de terrível emergência, mais uma vez suspendesse salvaguardas constitucionais importantes? Nossas experiências anteriores sugerem o seguinte esboço: os tribunais - especialmente a Suprema Corte

- geralmente não interferem na maneira como o executivo lida com uma emergência genuína, enquanto ela ainda existe. Eles empregarão todas as técnicas de evasão judicial à sua disposição para adiar a decisões, até o final da crise. (De fato, embora milhares de pessoas tenham sido confinadas ilegalmente durante nossos vários períodos de declaração de emergência, não tenho conhecimento de nenhum caso em que a Suprema Corte tenha realmente ordenado a libertação de ninguém enquanto a emergência ainda existia.) As prováveis exceções a essa regra de adiamento judicial serão os casos de abuso claro, nos quais não se pode dizer que exista uma emergência real e os casos em que o atraso resultaria na perda irrevogável de direitos, como aqueles envolvendo a pena de morte. Quando a situação emergencial tiver passado, os tribunais geralmente não aprovarão outras punições. Eles ordenarão a libertação de todos os condenados à prisão, ou morte, em violação das salvaguardas constitucionais comuns. Porém, eles não aceitarão processos por danos por confinamento ilegal, ordenados durante o curso da emergência.

Esperemos nunca chegar a um ponto em que a lei marcial, ou outras medidas de emergência restritivas aos direitos fundamentais, sejam consideradas necessárias. Se o fizermos, não há garantias absolutas em nossa Constituição, ou em nossos precedentes, para assegurar o equilíbrio adequado. A Constituição nunca deve ser cancelada. Suas disposições foram elaboradas para serem adaptáveis a qualquer crise que nosso país possa enfrentar. Como a própria democracia, nossa constituição viva não é perfeita, apenas melhor, mais duradoura e mais testada do que outras proteções de pergaminho, através dos tempos.

# capítulo 12

Capítulo 12

O QUE SIGNIFICA SER FALSAMENTE CANCELADO

Eu estava ansioso pelo ano novo de 2015. Eu havia lecionado na Harvard Law School durante cinquenta anos. Embora fosse controverso, por causa de minhas visões iconoclastas e por minha mistura "dickensoniana" de clientes culpados e inocentes (como disse um jornalista), minha vida pessoal era imaculada. Em meu meio século em Harvard, ensinando milhares de mulheres e empregando dezenas de pesquisadoras e assistentes de secretariado, nem uma única reclamação foi feita contra mim.

Eu havia me aposentado recentemente, após completar 75 anos. Estava sendo homenageado por universidades, organizações judaicas e outras instituições por meu compromisso vitalício com as liberdades civis, os direitos humanos, o Estado de Direito e Israel. Os presidentes Clinton e Obama elogiaram minhas realizações. Eles se juntaram a outros, incluindo primeiros-ministros e juízes israelenses. Eu era o orador mais procurado por grupos judeus e um dos mais procurados por outros grupos. Estava no topo do mundo, esperando que o resto de minha vida fosse fácil e cheio da alegria de fazer exatamente o que eu queria enquanto minha esposa e eu desfrutávamos de nossas famílias e amigos.

Mal sabia eu que um pequeno grupo de pessoas planejava cancelar minha vida, com o objetivo de enriquecer. Eles conspiraram para "pressionar" uma mulher que nunca conheci, a me acusar de algo que não fiz. Eles sabiam estar inventando a história toda, mas não se importavam, porque planejavam divulgar a acusação maliciosamente falsa contra mim para extorquir um bilhão de dólares de Leslie Wexner, proprietário multibilionário da The Limited e da Victoria's Secret. O plano era simples: tornar pública a acusação contra mim e, em seguida, abordar Wexner em particular, exigindo um bilhão de dólares em dinheiro, em troca de silêncio.

Assim, na véspera do Ano-Novo, eles entraram com a falsa acusação contra mim e a vazaram para a mídia. Simultaneamente, eles acusaram Wexner, de maneira privada e secreta, de uma má conduta quase idêntica. A mensagem para Wexner foi clara: faremos com você o que fizemos com Dershowitz, a menos que nos pague muito dinheiro. Eu nunca deveria descobrir sobre a extorsão de Wexner, e provavelmente nunca saberia, se a melhor amiga de infância de minha falsa acusadora não tivesse me ligado. Ela disse que minha acusadora havia lhe dito que a acusação contra mim era falsa e que ela havia sido pressionada a fazer parte de um plano, visando a obter um bilhão de dólares de Wexner. A melhor amiga não queria prejudicar minha acusadora, mas se sentiu péssima por eu ter sido falsamente acusado, então me ligou. Minha falsa acusadora ficou furiosa com sua amiga por ela ter revelado a verdade.

Descrevi em outro lugar, meu livro *Guilt by Accusation* [Culpado por Acusação], e em partes deste livro, evidências incontestáveis, nas próprias palavras de minha acusadora e de advogados e amigos, provando que nunca a conheci. O objetivo deste capítulo não é ensaiar essa evidência. Seu objetivo é descrever o que pode acontecer a uma pessoa completamente inocente quando vitimada por falsos acusadores em um mundo no qual a mídia está muito ansiosa para promover acusações selvagens e não corroboradas, pois falsas acusações são mais sugestivas e melhores, para obter vendas e prêmios, do que negações verdadeiras. Isso é especialmente verdade se a pessoa acusada for bem conhecida e controversa. Como minha mãe me advertiu, quando comecei a aparecer aos olhos do público: "Quanto mais alto você vai, mais longa é a queda". Entretanto há uma diferença significativa entre cair por conta própria e ser empurrado de um penhasco por criminosos mentirosos.

Nem é o propósito deste capítulo fazer o leitor sentir pena de mim. Não estou procurando simpatia. Estou procurando ter certeza de que o que aconteceu comigo não aconteça com outras pessoas inocentes. Se isso pode acontecer

CAPÍTULO 12

comigo, pode acontecer com seu pai, avô, filho, irmão ou irmã. Quero que o leitor compreenda o possível impacto de uma falsa acusação sobre alguém que viveu uma vida boa e honrada durante três quartos de século, e de repente é acusado de algo que nunca faria. Quero que saibam como é ser acusado falsamente e cancelado.

Para fins de leitura deste capítulo, os leitores devem presumir - como provam as evidências - que estou dizendo a verdade: as acusações contra mim são totalmente inventadas e sou inteiramente inocente. A partir dessa premissa, descreverei o impacto das falsas acusações sobre mim e sobre minha família. Quero que cada leitor imagine como seria se o trabalho de sua vida - ou de alguém próximo a você - fosse cancelado por causa de uma acusação totalmente falsa, que muitos acreditam ser verdadeira, apesar das evidências conclusivas de eu nunca sequer ter conhecido minha acusadora. Pode ser difícil para alguém que nunca foi falsamente acusado imaginar como é. Apesar de ter representado réus falsamente acusados, não tive uma avaliação real do impacto sobre uma pessoa inocente até isso acontecer comigo. Eu não conseguia nem imaginar como seria ter toda a história de boas ações de alguém cancelada devido a uma história inventada. Agora, estou muito mais motivado para ajudar a inocentar outros falsamente acusados. Estou mais motivado para ajudar a garantir a responsabilização daqueles que acusam falsamente pessoas inocentes. É difícil imaginar como uma falsa acusadora deve se sentir, sabendo ter destruído a vida de uma pessoa inocente e ferido a causa de verdadeiras vítimas de abuso com suas mentiras. Ela não poderia ter consciência, nenhum sentido de certo e errado, para vitimar pessoas inocentes dessa forma.

Tenho 82 anos, tenho um casamento feliz há 34 anos, 3 filhos e 2 netos. Eu não flerto, abraço, toco ou faço qualquer coisa sexualmente inapropriada. Meus netos e minha filha fazem parte da geração jovem, que inclui muitos apoiadores da cultura do cancelamento e do #MeToo. Embora nenhum de meus familiares ou amigos acreditem que eu tenha feito algo errado - na verdade, nenhuma pessoa objetiva que me conheça, ou tenha lido o que escrevi, acredita nisso -, muitas pessoas associadas a eles acreditam, ou suspeitam, que possa ser verdade. Meus familiares também sofreram com a falsa acusação. É devastador para mim saber que as pessoas realmente acreditam em uma acusação refutada por evidências tão contundentes, mas essa é a realidade do mundo de hoje. Se você não acha que isso é verdade, entre no Twitter ou em outra mídia social. O dano para mim é generalizado e afeta todos os aspectos da minha vida pessoal e profissional. As pessoas me olham de maneira diferente e interagem comigo de maneira diferente. Mudou minha vida, apesar da realidade comprovada de que não fiz nada de errado. Sou vítima de um crime grave, mas sou tratado como perpetrador. Falando em "culpar a vítima"!

Com relação à cultura de cancelamento, fui apenas uma vítima parcial. Como resultado dessa falsa acusação, fui cancelado como palestrante em universidades, por medo de protestos[71]. Fui cancelado por muitos locais de discursos, incluindo, como mencionei anteriormente, a 92nd Street Y. Nunca mais terei um grau honorário de qualquer universidade, tendo recebido mais de uma dúzia antes da falsa acusação. Os planos para financiar uma cátedra em meu nome foram suspensos. As propostas para me homenagear com prêmios por meu trabalho foram canceladas. Minha reputação e legado foram prejudicados.

Embora eu tenha o melhor histórico de vitórias de qualquer advogado de defesa de apelação em casos de morte e homicídio (aproximadamente 85%), tenho certeza de que alguns clientes em potencial decidiram procurar outros advogados, por medo de serem vítimas de preconceito, pela falsa acusação contra mim. Fui cancelado por vários meios de comunicação - jornais, TV, revistas. Minha biografia e, como mencionei anteriormente, meu obituário destacarão a falsa acusação, acompanhada de minha negação, mas sem catalogar a evidência esmagadora de minha inocência.

Ainda escrevo artigos de opinião, falo em alguns locais e faço consultoria para casos em todo o mundo. Não sou vítima de cancelamento total como alguns têm sido. Porém, mais uma vez, embora eu tenha sido apenas parcialmente cancelado, não sou parcialmente culpado, mas totalmente inocente. Não fiz absolutamente nada errado. Sim, eu era o advogado de Jeffrey Epstein e ajudei a conseguir o que muitos consideram uma negociação de confissão favorável. Entretanto esse é o meu trabalho como advogado de defesa criminal. Desde quando conheci Epstein até hoje, nunca tive contato sexual com outra mulher além de minha esposa. Nunca tive contato sexual com nenhuma menor de idade. Porém, por não existir um fórum atual no qual eu possa provar minha

---

[71] Em 15 de setembro de 2020, estudantes da Escola de Direito de Yale, na qual eu me graduei com honras, protestaram contra um convite a mim para discutir os critérios constitucionais para um *impeachment*, com o professor Akhil Amar.

CAPÍTULO 12

inocência, apresentando as evidências, a presunção de culpa paira sobre mim. Estou processando minha acusadora e seu advogado, e poderei provar minha inocência quando o caso for a julgamento. Entretanto o julgamento ainda está longe, especialmente à luz da pandemia. Só espero viver e permanecer saudável por tempo suficiente para apresentar o caso incontestável de minha inocência, como só eu posso fazer.

    Sou forte, resiliente e tenho os recursos necessários para lutar contra essas falsas acusações. Não descansarei até que nenhuma pessoa racional possa acreditar que fiz algo errado. Porém, enquanto isso - e a maior parte da vida é vivida "enquanto isso" -, precisarei viver com minha longa história de fazer o bem sendo pelo menos parcialmente cancelada. Agora, sou amplamente conhecido como o cara que fez sexo com a "garota" de Epstein, ao invés do professor que ensinou 10.000 alunos, salvou vidas inocentes, defendeu Israel contra acusações preconceituosas, ajudou a criar uma família maravilhosa e viveu uma vida pessoal e profissional íntegra. Tudo porque uma mulher, com um longo histórico de inventar falsas histórias sobre gente famosa por dinheiro, decidiu conspirar com advogados de ética questionável, de forma a me acusar falsamente de um pecado que sabem que não cometi. Essa é a injustiça da cultura de cancelamento.

conclusão

Conclusão

A cultura do cancelamento é um câncer para a democracia americana, para a meritocracia, para o devido processo legal e para a liberdade de expressão. Está criando metástase através da mídia social. Está refreando a criatividade, colocando em risco as liberdades básicas, educando mal os alunos, apagando a história, empoderando extremistas, destruindo legados conquistados com muito esforço - tudo sem responsabilidade, nem transparência. A cultura do cancelamento é real. Não é um exagero inventado por extremistas de direita para desacreditar a esquerda, os "despertos" ou os "progressistas". Ela está tendo um impacto significativo, não apenas sobre as próprias pessoas canceladas mas também sobre muitas outras, às quais foram negadas a música, a arte, o ensino, a defesa e outros benefícios anteriormente concedidos por quem foi cancelado. Recentemente, alguns críticos musicais "despertos" têm tentado cancelar Beethoven[72], chamando sua música de "trilha sonora" do "privilégio branco" e da opressão.

A cultura do cancelamento fez algum bem ao focar a atenção em pessoas que podem ter feito coisas ruins, ou promovido valores ruins? Na verdade,

---

[72] TOBIN, Jonathan. Cancelling Beethoven Is the Latest Woke Madness For the Classical-Music World. *New York Post*, [S.l.], p. 1-4, 17 set. 2020. Disponível em: https://nypost.com/2020/09/17/canceling-beethoven-is-the-latest-woke-madness-for-the-classical-music-world/. Acesso em: 23 nov. 2021.

não! Existem maneiras melhores de enfrentar os males do passado, com bisturis, e não com marretas, escavadeiras e borrachas. A história deve ser continuamente revisada, com base em novas informações e valores em transformação. A lei oferece soluções para irregularidades atuais e recentes. A mídia tem a capacidade de reportar de forma diferenciada e calibrada. Os indivíduos têm o direito de julgar pessoalmente aqueles com quem interagem e aqueles que buscam seu voto, ou seus negócios. Protestos públicos contra quem comete erros são protegidos por nossa Constituição. Outras instituições - universidades, empresas, agências governamentais - possuem mecanismos para processar reclamações. Entretanto todo processo deve fornecer uma oportunidade razoável para responder e corrigir erros.

 A cultura do cancelamento causa mais problemas do que resolve. Acusa falsamente; aplica um duplo padrão de seletividade; falha em equilibrar, ou calibrar, vícios e virtudes; não tem estatuto de limitações; não fornece nenhum processo para contestar cancelamentos; é sem padrões, inexplicável, não transparente e, muitas vezes, anônima; esconde agendas pessoais, ideológicas e políticas; pode ser abusada para vingança, extorsão e outros motivos malignos; é totalmente antiamericano. Deve ser interrompida, de forma que não destrua o coração, a alma e os valores de nossa nação.

 Não será fácil cancelar a cultura do cancelamento porque, como todas as "culturas", é difusa; não tem *home-office* ou sede; ninguém está no comando; a bola não para em lugar nenhum. A cultura do cancelamento deve ser contestada no mercado de ideias. Aqueles de nós que amam a liberdade, defendem o devido processo legal, apoiam a liberdade de expressão, favorecem a meritocracia, desprezam os valentões, se opõem à política identitária, exigem igualdade para todos, valorizam a busca pela verdade e rejeitam o politicamente correto devem lutar contra os grandes "perigos para a liberdade [que] se esconden na intromissão insidiosa de homens [e mulheres] zelosos, bem-intencionados, mas sem compreensão". Devemos cancelar a cultura do cancelamento agora, antes que se torne a cultura americana.

apêndice

Apêndice I

Lista parcial de indivíduos que foram cancelados ou tiveram discursos e aparições canceladas

Alex Acosta - O antigo procurador dos Estados Unidos para o Distrito Sul da Flórida e ex-secretário do Trabalho dos Estados Unidos, foi forçado a renunciar ao cargo de secretário do Trabalho após ter sido criticado pelo acordo que fez com Jeffrey Epstein.

Ryan Adams - De acordo com a CNN, Ryan trocou algumas milhares de mensagens de texto com uma garota menor de idade. Ele nunca conheceu a garota e afirma que achava que fosse mais velha, mas muitos duvidam dessa história. Em algumas das mensagens, ele a lembrava de que não poderia contar à mãe sobre sua troca de mensagens. Isso resultou no cancelamento de turnês no Reino Unido e nos Estados Unidos.

Sam Adams - Diretor da Divisão dos Estados Unidos do Instituto de Recursos Mundiais, acusado de assédio sexual. Renunciou, mas afirma que a decisão não teve relação com as acusações.

Joe Alexander - Diretor de Criação da Agência Martin, acusado de assédio sexual por vários funcionários. Renunciou.

Woody Allen - Acusado de molestar sua filha adotiva quando ela era criança. Mais recentemente, o Hachette Book Group anunciou que não publicaria *Apropos of Nothing*[73], as memórias de Allen. A Hachette tomou a decisão após receber reações de estranhos e de membros da equipe. No final, a Skyhorse publicou o livro. A Amazon também cancelou seu filme mais recente, mas depois o exibiu na TV.

Angel Arce - Representante do Estado de Connecticut, acusado de enviar mensagens inadequadas a uma adolescente. Renunciou.

Tom Ashbrook - Apresentador do On Point da WBUR, acusado de *bullying*, toque indesejado e má conduta sexual (vários funcionários). De acordo com o *The New York Times*, uma investigação descobriu que o comportamento "não era de natureza sexual".

H. Brandt Ayers - Presidente da Consolidated Publishing acusado de agressão sexual. Renunciou.

Roseanne Barr - Barr tinha um histórico de tuítes ofensivos, mas um era particularmente insensível com relação à raça. De acordo com o *The Hollywood Reporter*, Barr tuitou sobre Valerie Jarrett, a assessora sênior do ex-presidente Barack Obama: "Irmandade muçulmana e planeta dos macacos tiveram um bebê = vj". A ABC cancelou o *Roseanne Show*.

Xavier Becerra - De acordo com thefire.org - organização comprometida em proteger os direitos fundamentais de alunos em *campi* universitários -, em 2017, o procurador-geral da Califórnia, Xavier Becerra, teve a sua capacidade de responder às perguntas do público no Whittier College essencialmente negada por apoiadores de Trump, usando chapéus MAGA (*Make America Great Again -* Torne a América Grande de Novo). Eles estavam lá em protesto contra o processo do procurador-geral, contra a decisão de rescindir o DACA. O evento foi forçado a terminar mais cedo. A FIRE atribuiu a causa à "Perturbação

---

[73] Em português encontramos a seguinte edição: ALLEN, Woody. *Woody Allen: a autobiografia*. Globo Livros: Rio de Janeiro, 2020.

substancial de evento" e observa: "O evento foi forçado a concluir mais cedo quando os provocadores não paravam de interromper".

James Bennett - Antigo Editor da Página Editorial do *The New York Times*. Bennett renunciou após publicar um artigo de opinião altamente criticado.

Eddie Berganza - De acordo com o *The New York Times*, o editor da DC Comics "beijou à força e tentou apalpar colegas". Demitido.

John Besh - Executivo-chefe do Besh Restaurant Group, acusado de assédio sexual (várias pessoas). Renunciou.

Stephen Bittel - Presidente do Partido Democrático da Flórida, acusado de comentários e comportamento sexualmente inadequado. Renunciou.

Raul Bocanegra - Vereador do estado da Califórnia, acusado de assédio sexual (várias mulheres). Renunciou.

Ryan Bomberger - O presidente da Radiance Foundation (grupo de defesa pró-vida) estava escalado para falar na UT Austin. Manifestantes acenderam uma bomba de fumaça, fazendo com que o alarme disparasse e o evento fosse interrompido e transferido para outro local.

Max Boyens - O membro do elenco do *Vanderpump Rules* postou tuítes racistas e foi demitido do programa (junto com o outro membro do elenco, Brett Caprioni).

Kevin Braun - O editor-chefe do E&E News foi acusado de assédio sexual por vários membros da equipe. Logo depois disso, Braun deixou seu cargo de gestão, mas ainda é coproprietário da E&E.

Robert Burwell - A Universidade Queens mudou o nome de seu prédio administrativo de "Burwell Hall" para "Queens Hall". Dizia-se que o reverendo Robert Burwell e sua esposa possuíam escravos e abusavam deles.

Nick Cannon - Cannon fez comentários antissemitas durante um *podcast* "Cannon's Class", e a ViacomCBS o demitiu como apresentador do *Wild n' Out*.

John C. Calhoun - Yale renomeou a Calhoun College. A Universidade Clemson rebatizou sua faculdade de honra, que recebeu o nome do ex-vice-presidente e senador dos Estados Unidos. De acordo com sc.edu, Calhoun era um proprietário de escravos, bem como um "um ardente defensor da escravidão", e "arquiteto-chefe do sistema político que permitiu a existência da escravidão". Uma biografia da Universidade Clemson afirma que Calhoun "acreditava ardorosamente na supremacia branca". Recentemente, em Charleston, S.C., uma resolução foi aprovada para remover uma estátua de Calhoun.

Jennine Capó Crucet - A autora foi cancelada como palestrante convidada na Universidade do Sul da Geórgia. Os alunos protestaram contra a aparição de Capó Crucet para discutir a diversidade no *campus*. De acordo com o fire.org, alguns ficaram chateados com o livro dela, "Make Your Home Among Strangers: A Novel" [Crie Seu Lar Entre Estranhos: Um Romance], que retrata "racismo em relação aos brancos". Após as perguntas e respostas, aproximadamente 20 a 30 alunos queimaram cópias de seu livro e foi relatado que um grupo de manifestantes se reuniu em frente ao seu hotel, obrigando-a a mudar de local. Sua aparição no segundo dia foi cancelada.

Brett Caprioni - O membro do elenco do *Vanderpump Rules* postou tuítes racistas e foi demitido do programa (junto com o outro membro do elenco, Max Boyens).

Shlomo Carlbach - Um homem amoroso e afetuoso, acusado postumamente de tocar várias mulheres de forma imprópria. Embora Carlbach não pudesse se defender, vários locais cancelaram sua música.

Edward Carmack - Uma estátua do ex-senador dos EUA, que tinha a reputação de atacar defensores dos direitos civis, foi derrubada em Nashville, Tennessee.

APÊNDICE I

James Charles - A sensação da beleza e da maquiagem no YouTube perdeu 3 milhões de inscritos (incluindo Miley Cyrus e Kylie Jenner, que pararam de segui-lo no Instagram) depois de um antigo mentor, dono de uma empresa de vitaminas, acusá-lo publicamente por postar um anúncio de uma empresa de suplementos rival.

Louis C. K. - Admitiu má conduta sexual (várias mulheres). Isso resultou na perda de um contrato de produção com a FX, no cancelamento de um filme escrito e estrelado por ele, e de seu papel em *The Secret Life of Pets*.

Corey J. Coleman - De acordo com o *The New York Times*, uma investigação interna descobriu uma conduta sexual "profundamente perturbadora" do chefe de recursos humanos da FEMA. Renunciou.

Cristóvão Colombo - Estátuas de Colombo foram removidas de várias cidades dos EUA este ano: Nova York, Boston, Richmond, Chicago e St. Paul.

John Copley - De acordo com o *The New York Times*, o diretor de palco do Metropolitan Opera foi acusado de "fazer um comentário com carga sexual a um membro do coro". Demitido.

Cops[74]. Após os protestos de George Floyd, o programa de TV conhecido por glorificar os policiais foi cancelado depois de 33 temporadas.

Tony Cornish - Representante do Estado de Minnesota acusado de propor sexo a legisladores e lobistas. Renunciou.

Bill Cosby - O ator foi acusado de drogar e estuprar várias mulheres. Cosby foi condenado à prisão e perdeu vários negócios, incluindo *Bill Cosby 77*, um especial de comédia *stand-up* da Netflix.

---

[74] Série aclamada da FOX e, desde 2013, da Paramout; criada por John Langley e Malcolm Barbour, foi uma das séries mais duradouras dos últimos tempos. Iniciado em 11 de março de 1989, a série foi cancelada em junho de 2020, após mais de 30 anos de apresentação e 32 temporadas consecutivas. (N. E.)

Ann Coulter - Em novembro de 2019, Coulter - uma comentarista política conservadora, conhecida por sua postura anti-imigrante - foi recebida por centenas de manifestantes na UC Berkeley para uma aparição programada. Coulter foi convidada pelos republicanos do Berkeley College para falar sobre seu livro sobre o assunto da imigração, intitulado "Adios, America". O *The Guardian* relatou que mais de mil manifestantes tentaram impedir os participantes de entrarem no evento, ao formar um cordão humano. Eles gritaram: "Vão para casa, nazistas!" e "Vergonha!". De acordo com o *USA Today*, os participantes foram escoltados para dentro e para fora do evento por policiais. Coulter também estava programada para aparecer na UC Berkeley, mas o evento foi cancelado e um processo foi aberto contra a universidade, por "discriminação contra oradores conservadores". O chanceler Nicholas Dirks divulgou um comunicado, negando que Berkeley tenha cancelado o evento, mas admitindo ter imposto restrições de segurança ao horário e local do discurso. O *The New York Times* relatou que Coulter desistiu do evento como resultado de ter perdido o apoio de vários grupos conservadores que patrocinavam sua aparição, além de Berkeley mudar a data e a hora de sua aparição, "quando era provável que houvesse menos alunos no *campus* e menos probabilidade de surtos violentos". O *The Guardian* relatou que Berkeley gastou cerca de US$ 800.000 em segurança, no evento que acabou sendo cancelado.

Matt Dababneh - Vereador do estado da Califórnia acusado de assédio sexual e de se masturbar na frente de um de seus acusadores. Renunciou.

Jefferson Davis - Uma estátua de Davis em Richmond, Virginia, foi recentemente derrubada por manifestantes. De acordo com o battlefields.org, o presidente confederado, que fugiu de Richmond enquanto o Exército da União avançava, "acreditava na importância da instituição da escravidão para o Sul".

Alan Dershowitz - Fui convidado pela Ordem dos Advogados do Alasca para ser o orador principal em seu evento anual. Logo após o anúncio, a Ordem recebeu reclamações de alguns de seus membros. Particularmente Scott Kendall, um advogado de Anchorage, questionou o fato de que o Alasca relata algumas das maiores taxas de crimes de agressão sexual contra mulheres no país, e eu representei muitos clientes acusados de tais crimes - Jeffrey Epstein, mais recentemente, além de Mike Tyson e O. J. Simpson. Também representei mulheres que sofreram abusos. Eu estava sendo cancelado por fazer meu trabalho. Como resultado das reclamações, o conselho programou uma reunião especial, de forma a determinar se a oferta seria rescindida. Antes que tivessem a chance de se encontrar, a Ordem dos Advogados cancelou o evento devido à covid-19, bem como por outros motivos não especificados. Também fui cancelado pela 92nd Street Y.

Andy Dick - O ator foi acusado de assédio sexual. Demitido de dois filmes.

Placido Domingo - O renomado cantor de ópera foi acusado por várias mulheres de assédio sexual. Empresas de teatro americanas cancelaram apresentações, enquanto a maioria das equivalentes europeias continuava a apoiá-lo.

Jorge I. Dominguez - Professor da Universidade de Harvard e chefe da Harvard Academy, acusado de assédio sexual por 18 mulheres. Renunciou.

Kristen Doute - Doute e um colega de elenco do *Vanderpump Rules* chamaram a polícia e acusaram falsamente um colega de elenco negro de roubo. Doute foi demitida da série.

Alice Dreger - A ex-professora de Bioética e História Médica da Universidade Northwestern escreveu "O Dedo do Meio de Galileu". De acordo com o site de Dreger, ela foi "denunciada por Rush Limbaugh e pela Fundação Literária Lambda". Ela renunciou após ter sido censurada pelo reitor, que também "instituiu um comitê de censura" para o jornal da faculdade.

Stephen Easterbrook - O CEO do McDonald's admitiu um relacionamento consensual com uma funcionária, violando a política da companhia. Demitido.

Claudia Eller - A editora-chefe da revista *Variety* escreveu um artigo de opinião, assumindo a responsabilidade por não ter feito o suficiente para promover a diversidade no setor. De acordo com o *Los Angeles Times*, isso levou a uma briga no Twitter com um repórter de outro meio de comunicação. Sinha-Roy denunciou uma discussão que teve com Eller anos antes sobre esse mesmo assunto. Eller respondeu ao tuíte, "Quando alguém admite algo, por que você tenta criticá-la? Você parece muito amarga". Isso incomodou outros na *Variety* e foi-se tomada a decisão de colocar Eller em uma licença de dois meses.

Linda Fairstein - Depois que a Netflix levou ao ar um documentário descrevendo falsamente o envolvimento de Fairstein no caso do Central Park Five, a promotora-chefe foi posteriormente cancelada. Ela foi forçada a renunciar como curadora do Vassar College e vários prêmios e participações foram rescindidos.

Zach Fansler - Representante Estadual do Alaska acusado de dar um tapa em uma mulher, quando ela disse não a seus avanços sexuais. Renunciou.

Blake Fahrenthold - Membro do Congresso pelo Texas, acusado de assédio sexual e de ter usado dinheiro dos contribuintes para estabelecer o acordo. Renunciou e desistiu de sua oferta de reeleição.

Bruce Fein - De acordo com wghb.org, o conselho administrativo da organização de liberdade de expressão da Harvard Law School retirou o convite para Fein (um ex-aluno e advogado). O tópico dizia respeito ao estado de direito na era Trump. Antes do evento, Fein foi questionado: "Quais são seus pontos de vista quanto à exatidão histórica da afirmação de que ocorreu um genocídio armênio, após a Primeira Guerra Mundial?". Fein explicou seus pensamentos sobre "a natureza, nuances e bases históricas". Ele acreditava que o ataque contra os armênios, "embora medonho, não chega à definição legal de 'genocídio'". Pouco depois, Fein recebeu um *e-mail* contendo o seguinte: "Lamento informar que o Conselho do Fórum da Escola de Direito de Harvard deve retirar seu convite para falar no Fórum nesta primavera. Infelizmente, o resto do Conselho não se sente confortável em convidá-lo para falar nesta primavera, pois parece que nossas opiniões sobre a ação otomana contra os armênios, após a Primeira Guerra Mundial, divergem ligeiramente das suas".

APÊNDICE I

Kendall Fells - Diretor de Organização da Campanha Luta por 15 do Sindicato Internacional de Empregados de Serviços, acusado de assédio e má conduta com funcionário. Renunciou.

Michael Ferro Jr. - Presidente da Tronc, acusado de avanços sexuais. Renunciou.

Hamilton Fish - Editor e presidente da *The New Republic* acusado de conduta inadequada. Renunciou.

Al Franken - Senador americano de Minnesota, acusado de apalpar e de avanços impróprios (várias mulheres). Renunciou.

Jeff Franklin - *Showrunner* do *Fuller House*, acusado de fazer comentários verbalmente abusivos/sexualmente carregados no set. Removido.

Claire Guthrie Gastañaga - De acordo com thefire.org, a diretora executiva da ACLU foi convidada a falar no College of William and Mary, em outubro de 2017. O discurso de Gastañaga foi obstruído por manifestantes do *Black Lives Matter*, que ficaram chateados com o apoio da ACLU ao processo de nacionalistas brancos, envolvidos no comício Unite the Right, em Charlottesville, gritando "ACLU, você protege Hitler também" e "ACLU, liberdade de expressão para quem?". Dentro de 30 minutos o evento foi cancelado. De acordo com o jornal da escola, *The Flat Hat*, os alunos reuniram-se em torno de Gastañaga, na esperança de continuar a conversa. Os manifestantes então se reuniram em torno do grupo, cantando ainda mais alto, fazendo com que os alunos se dispersassem. Taylor Reveley, o presidente da William and Mary, preparou uma declaração escrita em resposta aos manifestantes. Ele escreveu: "Silenciar certas vozes de forma a promover a causa de outras não é aceitável em nossa comunidade". Ele continuou: "Isso sufoca o debate e evita que os presentes, em particular nossos alunos, ouçam um palestrante, façam perguntas muitas vezes difíceis e se envolvam em debates, em que a força das ideias, e não o poder de gritar, é a moeda".

Shane Gillis - Comediante e novo membro do elenco do *Saturday Night Live*. Gillis e outro comediante têm um *podcast* chamado "Podcast Secreto de Matt e Shane". De acordo com a CNN, o *Saturday Night Live* contratou Gillis como um novo membro do elenco, então descobriu que ele havia feito "comentários difamatórios sobre os chineses americanos, pessoas LGBTQ e mulheres" durante um *podcast*. Demitido do *Saturday Night Live*.

Gary Goddard - Fundador do Goddard Group, acusado de molestar oito antigos atores infantis. Renunciou.

Wes Goodman - De acordo com o *The New York Times*, o representante do Estado de Ohio admitiu "comportamento impróprio" e foi acusado de avanços sexuais indesejados, em direção a outros homens. Resignado.

Eric Greitens - De acordo com o *The New York Times*, o governador do Missouri foi acusado de "tirar uma foto explícita de uma mulher, sem seu consentimento, e de ameaçar chantageá-la". Renunciou.

James Gunn - A Disney demitiu o diretor de "Guardiões da Galáxia" depois que ressurgiram tuítes insensíveis sobre vítimas de AIDS, pedofilia e agressão sexual. Pouco depois de sua demissão, colegas, amigos, familiares e fãs o defenderam, postando "*RehireJamesGunn*" no Twitter. O *Washington Post* reportou que uma petição para recontratar Gunn coletou mais de 200.000 assinaturas, e Gunn foi finalmente recontratado.

Paul Haggis - O roteirista, diretor e fundador da instituição de caridade Artists for Peace and Justice [Artistas pela Paz e Justiça] foi acusado de estupro e agressão sexual. Isso levou à sua demissão da instituição de caridade.

Mark Halperin - Jornalista político acusado de assédio sexual por antigos colegas de trabalho. Diversas redes de notícias romperam laços com o jornalista.

Kevin Hart - O comediante postou tuítes homofóbicos, que recentemente vieram à superfície. Hart foi removido da apresentação do Oscar.

APÊNDICE I

Don Hazen - Editor executivo da AlterNet, acusado de assédio sexual (diversas mulheres). Renunciou.

Katie Herzog - A jornalista *freelance* em Seattle publicou um artigo no *The Stranger* sobre pessoas trans que "interrompem ou invertem as transições". De acordo com o *The New York Times*, residentes queimaram pilhas da revista. Ela também foi chamada de transfóbica e não se sentia à vontade em bares lésbicos. Como resultado, Herzog se mudou de sua cidade natal.

Cliff Hite - Senador de Ohio acusado de assédio sexual (uma pessoa conhecida). Demitido.

Clyde Hoey - A Universidade de Western Carolina mudou recentemente o nome do auditório, de Clyde Hoey para University Auditorium. Hoey, ex-governador da Carolina do Norte, opôs-se à integração racial.

Jeff Hoover - O representante do Estado de Kentucky e presidente da Câmara foi acusado de assédio sexual, o que levou à sua renúncia.

Thomas Homan - O ex-diretor da Agência de Execução Aduaneira e de Imigração dos Estados Unidos foi escalado para falar na UPenn. Manifestantes apoiando a abolição da Agência gritaram tão alto antes do aparecimento de Homan que o evento foi cancelado cinco minutos após o horário de início programado.

Bill Hybels - Pastor líder da Igreja Willow Creek, acusado por antigos pastores/membros da equipe de má conduta sexual. Aposentou-se.

Sam Isaly - Sócio-gerente da Orbimed Advisors, acusado por vários funcionários de assédio sexual e de assistir pornografia no local de trabalho. Aposentou-se.

Amy Irvin - O diretor executivo do Fundo Americano para o Aborto deveria falar na Loyola. Os administradores obrigaram os democratas da faculdade a cancelarem o orador a favor da escolha. A escola não estava financiando o evento, mas declarou: "Irvin era muito radical e poderia refletir negativamente sobre a Loyola caso estranhos acreditassem que ela havia financiado o evento". A aparição de Irvin foi cancelada, embora o código de conduta do aluno Loyola afirme: "O patrocínio de palestrantes não implica aprovação ou endosso das opiniões expressas, seja pelo grupo patrocinador, seja pela Loyola".

Johnny Iuzzini - Chef/juiz do *The Great American Baking Show*, acusado de assédio sexual (vários ex-funcionários). Demitido.

William G. Jacoby - Editor do *American Journal of Political Science*, acusado de assédio sexual por uma antiga aluna. Renunciou.

Caleb Jennings - De acordo com o *The New York Times*, o organizador de Chicago da Service Employees International Union foi acusado de "má conduta sexual e comportamento abusivo". Jennings foi "considerado inocente de agressão em tribunal". Demitido.

Al Jolson - Conhecido como "O Rei do Blackface". A Ordem Fraternal da Polícia, envolvida em uma arrecadação de fundos para policiais, acusou Jolson de ser uma "figura racista icônica". De acordo com o *Baltimore Sun*, Jolson foi descrito como, "Longe de ser um racista, fez amizade com artistas negros e promoveu suas carreiras. Ninguém o considerava racista".

David Starr Jordan - A Universidade Indian aprovou uma mudança de nome para o Jordan Hall. David Starr Jordan, ex-professor de zoologia e presidente da universidade, apoiava a eugenia.

Colin Kaepernick - De acordo com o *USA Today*, Kaepernick, um jogador de futebol profissional e *quarterback* do San Francisco 49's, optou por se ajoelhar durante o hino nacional em protesto à "brutalidade policial contra pessoas de cor e opressão sistêmica". Como resultado da decisão de Kaepernick, os proprietários da NFL negaram-lhe coletivamente emprego.

R. Kelly - O cantor de R&B foi acusado de agressão e abuso sexual por várias mulheres jovens (algumas menores). Um tuíte #MuteRKelly resultou em shows cancelados, radiodifusão interrompida, remoção das listas de reprodução do Spotify (como resultado de sua nova política de conduta odiosa). Colaboradores, como Lady Gaga, Chance the Rapper e Celine Dion também solicitaram a remoção de suas músicas de sites de *streaming*.

Bob Kerrey - De acordo com o *Omaha World Herald*, o ex-governador do Nebraska e senador dos Estados Unidos foi escalado como orador de formatura na Universidade Creighton. Ryan Hamilton, diretor executivo do Partido Republicano de Nebraska, pediu a Creighton que rescindisse o convite a Kerrey para falar em sua cerimônia, por causa das crenças pró-escolha de Kerrey. Em um comunicado à imprensa, Hamilton declarou: "A Creighton é uma instituição jesuíta, formalmente afiliada à Igreja Católica, uma das defensoras mais consistentes e confiáveis do país das causas pró-vida. Nebraska é um estado pró-vida, e os republicanos são um partido pró-vida. Instamos fortemente a Creighton a defender seus valores pró-vida e a encontrar uma figura mais apropriada para homenagear em sua formatura". Kerrey retirou sua aceitação, acreditando que ele causaria uma distração.

Amy Klobuchar - A senadora de Minnesota foi acusada de não apresentar queixa contra policiais envolvidos em vários tiroteios contra afro-americanos quando era promotora. No final, Klobuchar se retirou das considerações para ser a candidata a vice-presidente de Joe Biden.

Larry Krasner - O promotor distrital da Filadélfia foi escalado como orador principal na Escola de Direito de Yale. Os organizadores estudantis rescindiram seu convite a Krasner quando ele entrou com um recurso, após Mumia Abu-Jamal, condenado pelo assassinato de um policial, receber uma decisão favorável.

Andrew Kreisberg - Produtor executivo de *Arrow*, *Supergirl* e *The Flash*, acusado de assédio sexual e contato físico impróprio. Demitido.

Jeff Kruse - Senador do Estado de Oregon, acusado de assédio sexual e contato físico impróprio (várias mulheres). Renunciou.

Matt Lauer - De acordo com o *The New York Times*, o âncora do noticiário de televisão foi acusado de "comportamento sexual impróprio com uma colega de trabalho". Outras acusaram Lauer de avanços indesejados. Demitido da NBC.

Steve Lebsock - Representante do Estado do Colorado, acusado de assédio sexual (várias mulheres). Expulso pela Câmara dos Representantes do Colorado.

Ryszard Legutko - O acadêmico e membro de extrema direita do Parlamento Europeu estava escalado para falar no Middlebury College. De acordo com thefire.org, descobriu-se que Legutko havia feito comentários homofóbicos no passado, como, "Não entendo por que alguém deveria querer ter orgulho de ser homossexual, tenha orgulho do que você faz, não de ser homossexual". A palestra foi cancelada, citando riscos de segurança. Logo em seguida, um estudante de ciências políticas perguntou a um de seus professores se ele convidaria Legutko como orador convidado em sua sala de aula. O professor concordou, com a condição de que o aluno recebesse apoio unânime da turma - o que ele teve. Por fim, Legutko conseguiu falar sem protestos, e um protesto pacífico foi planejado via Facebook.

James Levine - De acordo com o *The New York Times*, uma investigação sobre o maestro do Metropolitan Opera "revelou evidências confiáveis" de que Levine "se envolveu em conduta sexualmente abusiva e de assédio". Demitido - ele está processando por quebra de contrato e difamação.

***Live PD* -** A série de TV permitiu aos telespectadores acesso ao vivo às "forças policiais mais ocupadas do país". De acordo com a CNN, "A&E tomou a decisão de cancelar o programa", citando "um momento crítico na história de nossa nação".

Kelly Loeffler - De acordo com a ESPN, a senadora dos Estados Unidos e coproprietária da Atlanta Dream, uma equipe da WNBA, foi criticada após fazer comentários sobre a organização política *Black Lives Matter*. Loeffler afirma apoiar a declaração "*Black Lives Matter*", mas não a organização, que, segundo ela, "advoga coisas como cortar o financiamento da polícia e sua abolição, abolição de nossos militares, esvaziamento de nossas prisões, destruição da família nuclear. Promove a violência e o antissemitismo. Para mim, não é isso que nossa liga representa". Membros da liga WNBA tentaram forçar Loeffler a vender sua participação no time, mas não tiveram sucesso.

Dr. Elizabeth Loftus - A professora da Universidade da California Irvine estava agendada como oradora convidada na Universidade de New York. Os preparativos para sua visita estavam sendo feitos quando um artigo foi publicado, mencionando seu envolvimento no julgamento de Harvey Weinstein como perita de defesa. Após a publicação, a Dra. Loftus recebeu uma carta da universidade, notificando-a de que estavam cancelando seu compromisso de palestrar por "circunstâncias além do controle deles". Embora seja incerto se sua afirmação era precisa, a NYU não respondeu aos pedidos de explicação sobre o cancelamento.

Paul Marciano - Presidente executivo da Guess, Inc., acusado de assédio sexual e agressão (várias mulheres). Substituído por seu irmão.

Peter Martins - Mestre de balé encarregado do New York City Ballet, acusado de assédio sexual (dançarinas múltiplas). Uma investigação interna não fundamentou as alegações. Aposentou-se.

Kevin McAleenan - O ex-secretário de Segurança Nacional dos Estados Unidos em exercício foi escalado como orador principal em um evento da Universidade de Georgetown. De acordo com thefire.org, McAleenan foi impedido de se dirigir à multidão, quando manifestantes "vaiaram até que ele descesse" devido às suas opiniões sobre imigração. Foi relatado que McAleenan saiu do palco.

Richard Meier - Aclamado arquiteto, acusado de se expor e/ou tocar várias ex-funcionárias. Renunciou.

Antonio Mendoza - Senador do estado da Califórnia, acusado de avanços indevidos (várias mulheres). Renunciou.

T. J. Miller - O ator foi acusado de agressão sexual e de bater em uma mulher na faculdade. Foi deixado de lado como porta-voz da Mucinex, e a Comedy Central cancelou um programa em que Miller estava trabalhando.

Leslie Moonves - Presidente, presidente do conselho e executivo-chefe da CBS Corporation, acusado de má conduta sexual e retaliação contra aquelas que rejeitaram suas investidas sexuais. Renunciou.

John Moore - Representante do Estado do Mississippi, acusado de assédio sexual (várias mulheres). Renunciou, citando preocupações com a saúde.

Rob Moore - Editor-chefe do *The New York Daily News*, acusado de assédio sexual. Demitido.

Rick Najera - Diretor do *Diversity Showcase* da CBS, acusado de comentários impróprios e obscenos. Renunciou.

Grant Napear - O antigo locutor de esportes do Sacramento Kings tuitou "TODAS AS VIDAS IMPORTAM" e foi posteriormente demitido.

Leslie Neal-Boylan - Ex-reitor de Enfermagem da UMASS Lowell - em seguida aos protestos de George Floyd, Neal-Boylan abordou os desafios atuais e escreveu: "A vida de todos é importante". Posteriormente demitido.

Michael Oreskes - Chefe de notícias da NPR e antigo editor do *The New York Times*, acusado de assédio sexual. Renunciou.

Wayne Pacelle - Executivo-chefe da Humane Society, acusado de assédio sexual (beijo forçado e avanços indesejados a três mulheres). Renunciou.

Demos Parneros - Executivo-chefe da Barnes & Noble, acusado de assédio sexual por uma assistente executiva. Demitido.

APÊNDICE I

Javier Palomarez - Executivo-chefe da Câmara de Comércio Hispânica dos EUA, acusado de impropriedade financeira e agressão sexual (ex-funcionário). Renunciou.

Albert Pike - Uma estátua do antigo senador dos Estados Unidos, que tinha a reputação de atacar defensores dos direitos civis, foi derrubada por manifestantes em Washington, D.C.

Steven Pinker - O professor de Linguística da Harvard e "ilustre colega" da Sociedade Linguística da América foi um alvo recente da cultura do cancelamento. De acordo com o *The Federalist*, uma carta foi enviada à Sociedade Linguística da América, por um grupo de professores de linguística, solicitando a remoção do Dr. Pinker. Afirmava: "Dr. Pinker tem um histórico de falar por cima de queixas genuínas e minimizar injustiças, frequentemente deturpando os fatos, e nos momentos exatos em que negros e pardos estão se mobilizando contra o racismo sistêmico e por mudanças cruciais".

Roy Price - Chefe da Amazon Studios, acusado de avanços sexuais indesejados. Renunciou.

Adam Rapoport - Uma foto do antigo editor-chefe da *Bon Appetit*, com o rosto pintado de marrom, tirada em 2004 e publicada em 2013, fez com que muitos antigos e atuais funcionários falassem sobre suas próprias experiências de discriminação. Rapoport renunciou.

Adolph Reed - O erudito marxista negro foi convidado a falar no Capítulo dos *Democratas Socialistas da América* em Nova York. Reed foi posteriormente acusado de minimizar o racismo e foi cancelado como orador convidado.

Michael Richards - O antigo ator de *Seinfeld* apareceu em um clube de comédia e atacou verbalmente negros que o interromperam. O discurso foi gravado e seu *spin-off* para a TV, *The Michael Richards Show*, foi cancelado.

Theodore Roosevelt - De acordo com o *The New York Times*, a decisão de remover a estátua de bronze em frente ao Museu Americano de História

Natural de Nova York foi tomada "porque ela descreve explicitamente os negros e indígenas como subjugados e racialmente inferiores".

Charlie Rose - Apresentador de televisão, acusado de agressões sexuais grosseiras (várias mulheres). Demitido pela CBS e PBS.

Sid Rosenberg - A personalidade esportiva do rádio estava agendada em Seton Hall para um discurso/debate no *campus*. Rosenberg não foi convidado a falar no evento no auditório após uma campanha de mídia social liderada por estudantes, como resultado de comentários depreciativos anteriores sobre raça, mulheres e preferências sexuais.

Paul Rosenthal - Representante do Estado do Colorado, acusado de apalpar. Várias reclamações foram rejeitadas pela Assembleia Geral do Colorado. Rosenthal perdeu sua candidatura à reeleição.

Nick Sauer - Representante do Estado de Illinois acusado por uma ex-namorada de divulgar fotos dela nua no Instagram. Renunciou.

Chris Savino - Criador de *The Loud House* da Nickelodeon, acusado de assédio sexual (várias pessoas). Demitido.

Robert Scoble - Cofundador do Grupo de Transformação, acusado de agressão sexual (várias mulheres). Renunciou.

Eric Schneiderman - Procurador-geral de Nova York, acusado de agredir quatro mulheres. Renunciou.

Stassi Schroeder - Schroeder e um colega de elenco do *Vanderpump Rules* chamaram a polícia e acusaram falsamente um colega de elenco negro de roubo. No final das contas, Schroeder foi demitido do *Vanderpump Rules*, da United Talent Agency e da Metro Public Relations, e perdeu vários patrocínios.

Bem Shapiro - Como antigo editor da *Breitbart*, editor-chefe do *Daily Wire*, autor e comentarista político conservador, Ben Shapiro foi convidado e

APÊNDICE I

"desconvidado" a inúmeros *campi* universitários, em todo o país. Thefire.org citou Shapiro em seu "Banco de Dados de Desconvite" oito vezes desde 2016. Dos oito, quatro deles resultaram na revogação do convite, com o último ocorrendo em 2018.

Paul Shapiro - Vice-presidente da Humane Society, acusado de assédio sexual (várias mulheres). Renunciou.

Dan Schoen - Senador de Minnesota, acusado de assédio sexual (várias mulheres). Renunciou.

Don Shooter - Uma investigação sobre o representante do Estado do Arizona descobriu que ele assediou sexualmente várias mulheres. Expulso pela Câmara dos Representantes do Arizona.

Sarah Silverman - A comediante e atriz se envolveu em um esquete com rosto pintado de preto em *"The Sarah Silverman Project"* há vários anos, e que reapareceu recentemente. Na noite anterior à data marcada para começar a filmar um novo filme, ela foi informada de que seu papel havia sido substituído.

Ira Silverstein - Senador de Illinois, acusado de assédio sexual. Renunciou ao cargo de presidente da convenção e perdeu sua candidatura à reeleição.

Bryan Singer - Diretor e produtor, acusado de agredir sexualmente um homem de 17 anos. Demitido da *Bohemian Rhapsody* como diretor (mas mantém o crédito de diretor) e perdeu seu crédito de produtor executivo para o programa de televisão *Legion*.

Kate Smith - Depois de gravar duas canções consideradas apropriadas na época, mas consideradas racialmente insensíveis hoje, Smith está sendo cancelada postumamente. O New York Yankees parou de tocar sua versão de "God Bless America", e o Philadelphia Flyers removeu sua estátua do estádio.

Jussie Smollet - De acordo com a CNN, o ator do programa de TV *Empire* acusou dois homens de um ataque ao despejar uma substância desconhecida sobre ele, enquanto "gritava calúnias raciais e homofóbicas". O personagem de Smollet foi cortado dos dois episódios finais.

Joseph M. Souki - Representante do Estado do Havaí, acusado de avanços sexuais indesejados (várias mulheres). Renunciou.

Kevin Spacey - Acusado de se forçar a um menor, levando mais homens a apresentarem alegações de má conduta sexual. Spacey foi retirado de *House of Cards* e substituído em *Todo o Dinheiro do Mundo*.

Lockhart Steele - O diretor editorial da Vox Media foi acusado de assédio sexual (uma pessoa conhecida). Demitido.

Lorin Stein - Editor da *Paris Review*, acusado de conduta não especificada com várias funcionárias/escritoras. Renunciou.

Jannique Stewart - A palestrante pró-vida do Life Training Institute, que apoia abertamente o casamento tradicional entre um homem e uma mulher, foi cancelada como palestrante convidada na Universidade Cornell, uma vez que ela deixou claro que compartilharia suas crenças.

Lawrence Summers - O antigo presidente de Harvard foi forçado a renunciar após seu comentário sobre por que as mulheres não alcançaram o mesmo nível de sucesso em STEM [sigla em inglês para Ciência, Tecnologia, Engenharia e Matemática] que os homens.

David Sweeney - Editor chefe de notícias da NPR, acusado de assédio sexual (várias mulheres). Renunciou.

Karl Templer - Estilista e diretor de criação da *Interview Magazine*, acusado de toque indesejado nos seios/virilhas por três mulheres. Renunciou.

Tony Tooke - Chefe do Serviço Florestal dos Estados Unidos, acusado de má conduta sexual. Renunciou.

APÊNDICE I

Bernard Uzan - Codiretor do programa Jovens Artistas do Florida Grand Opera, acusado de má conduta sexual por quatro cantoras. Renunciou.

Eric Weinberger - De acordo com o *The New York Times*, o presidente do Bill Simmons Media Group é acusado de enviar "mensagens obscenas" a uma antiga estilista da NFL Network. Uma ação foi ajuizada e posteriormente encerrada. Weinberger foi inicialmente suspenso, mas depois deixou a empresa.

Harvey Weinstein - Produtor e cofundador da Weinstein Company, acusado de agressão sexual por várias mulheres, foi demitido e condenado por estupro e agressão sexual. Seu caso está em apelação (consultei seus advogados).

Dean Westlake - Representante do Estado do Alasca, acusado de assédio sexual e apalpamento (várias assessoras). Renunciou.

Ed. Westwick - Ator em *Punição Para a Inocência*, acusado de agressão sexual (várias mulheres). Substituído por outro ator (os promotores não apresentaram queixa alegando falta de provas).

Leon Wieseltier - De acordo com a *The Atlantic*, Wieseltier foi acusado em 2017 de assédio sexual, com aproximadamente 60 outros homens na indústria editorial. Um documento anônimo, intitulado "*SHITTY MEDIA MEN*" ["Homens Escrotos da Mídia"], circulou entre os membros da mídia e, de acordo com a planilha, Wieseltier foi listado como "assédio no local de trabalho". Como resultado, o financiador da nova revista cultural de Wieseltier encerrou seu relacionamento com o "lendário" editor literário.

Woodrow Wilson - A Universidade de Princeton removeu o nome de Woodrow Wilson de sua Escola de Relações Públicas e de uma de suas faculdades residenciais. De acordo com insidehighered.com, Princeton considerou inicialmente a remoção em 2016 como resultado das "políticas segregacionistas" de Wilson. À luz dos recentes assassinatos de vários cidadãos negros, eles mudaram o nome. A Monmouth University também removeu o nome de Wilson de seu prédio marquise. E em Camden, N.J., seu nome foi retirado de uma escola. De acordo com o *The New York Times*, a superintendente de Camden, Latrina

McCombs declarou: "Nossos alunos entrarão em um novo prédio, não vinculado a um prédio com um legado racista". Wilson recebeu o Prêmio Nobel da Paz em 1920, por seus esforços para encerrar a Primeira Guerra Mundial e por estabelecer a Liga das Nações.

Steve Wynn - O presidente-executivo da Wynn Resorts negou acusações de assédio às funcionárias. Renunciou.

Apêndice II

UMA CARTA ABERTA SOBRE JUSTIÇA E DEBATE, DA *HARPER'S MAGAZINE*, 7 DE JULHO DE 2020[75]

Nossas instituições culturais estão enfrentando um momento de provações. Protestos poderosos por justiça racial e social estão levando a demandas antigas por reforma policial, juntamente a apelos mais amplos por maior igualdade e inclusão em nossa sociedade e, não menos importante, no ensino superior, jornalismo, filantropia e artes. Entretanto essa avaliação necessária também intensificou um novo conjunto de atitudes morais e compromissos políticos, que tendem a enfraquecer nossas normas de debate aberto e tolerância das diferenças em favor da conformidade ideológica. Ao aplaudir o primeiro desenvolvimento, também levantamos nossas vozes contra o segundo. As forças contra o liberalismo estão ganhando força em todo o mundo e têm um poderoso aliado em Donald Trump, que representa uma ameaça real à democracia. Porém não se deve permitir que a resistência endureça em seu próprio tipo de dogma ou coerção - o que demagogos de direita já estão explorando. A inclusão democrática que desejamos só pode ser alcançada se nos manifestarmos contra o clima intolerante que se instalou em todas as partes.

---

[75] A LETTER on Justice and Open Debate. *Harper's Magazine*, [S. l.], p. 1-4, 7 jul. 2020. Disponível em: https://harpers.org/a-letter-on-justice-and-open-debate/. Acesso em: 23 nov. 2021.

A livre troca de informações e ideias, a força vital de uma sociedade liberal, está se tornando cada vez mais restrita. Embora esperemos isso da direita radical, a censura também está se espalhando mais amplamente em nossa cultura: uma intolerância a pontos de vista opostos, uma moda para a vergonha pública e ostracismo, e a tendência de dissolver questões políticas complexas em uma certeza moral ofuscante. Defendemos o valor do contradiscurso robusto, e mesmo cáustico, de todos os quadrantes. Entretanto agora é muito comum ouvir apelos por uma retribuição rápida e severa, em resposta a transgressões percebidas de fala e pensamento. Mais preocupante ainda, os líderes institucionais, em um espírito de controle de danos em pânico, estão aplicando punições precipitadas e desproporcionais, ao invés de reformas ponderadas. Editores são demitidos por publicarem artigos polêmicos; livros são retirados, por alegada falta de autenticidade; os jornalistas estão proibidos de escrever sobre certos tópicos; professores são investigados por citarem obras de literatura em sala de aula; um pesquisador é demitido por circular um estudo acadêmico revisado por pares; e os chefes das organizações são demitidos, pelo que às vezes são apenas erros desajeitados. Quaisquer que sejam os argumentos em torno de cada incidente em particular, o resultado tem sido o estreitamento constante dos limites do que pode ser dito sem a ameaça de represália. Já estamos pagando o preço da maior aversão ao risco entre escritores, artistas e jornalistas, que temem por sua subsistência caso se desviem do consenso, ou mesmo não tenham zelo suficiente ao concordar.

Essa atmosfera sufocante acabará por prejudicar as causas mais vitais de nosso tempo. A restrição do debate, seja por um governo repressivo ou por uma sociedade intolerante, invariavelmente fere os que não têm poder e torna todos menos capazes de participar da democracia. A maneira de derrotar as más ideias é através de exposição, argumento e persuasão, e não tentando silenciá-las ou desejar que vão embora. Recusamos qualquer escolha falsa entre justiça e liberdade, que não podem existir uma sem a outra. Como escritores, precisamos de uma cultura que nos deixe espaço para experimentação, riscos, e até mesmo erros. Precisamos preservar a possibilidade de desacordo de boa-fé, sem consequências profissionais terríveis. Se não defendermos aquilo de que depende o nosso trabalho, não devemos esperar que o público ou o Estado o defenda por nós.

APÊNDICE II

Anne Applebaum
Marie Arana, autora
Margaret Atwood
John Banville
Mia Bay, historiadora
Louis Begley, escritor
Roger Berkowitz, Bard College
Paul Berman, escritor
Sheri Berman, Barnard College
Reginald Dwayne Betts, poeta
Neil Blair, agente
David W. Blight, Universidade Yale
Jennifer Finney Boylan, autora
David Bromwich
David Brooks, colunista
Ian Buruma, Bard College
Lea Carpenter
Noam Chomsky, MIT (*emeritus*)
Nicholas A. Christakis, Universidade Yale
Roger Cohen, escritor
Embaixadora Frances D. Cook, aposentada
Drucilla Cornell, fundadora, uBuntu Project
Kamel Daoud
Meghan Daum, escritora
Gerald Early, Universidade Washington-St. Louis
Jeffrey Eugenides, escritor
Dexter Filkins
Federico Finchelstein, The New School
Caitlin Flanagan
Richard T. Ford, Stanford Law School
Kmele Foster
David Frum, jornalista
Francis Fukuyama, Universidade de Stanford
Atul Gawande, Universidade Harvard
Todd Gitlin, Universidade Columbia
Kim Ghattas
Malcolm Gladwell
Michelle Goldberg, colunista
Rebecca Goldstein, escritora
Anthony Grafton, Universidade de Princeton
David Greenberg, Universidade Rutgers
Linda Greenhouse
Rinne B. Groff, dramaturga
Sarah Haider, ativista
Jonathan Haidt, NYU-Stern
Roya Hakakian, escritora
Shadi Hamid, Brookings Institution
Jeet Heer, The Nation
Katie Herzog, apresentadora de *podcast*
Susannah Heschel, Dartmouth College
Adam Hochschild, autor
Arlie Russell Hochschild, autora
Eva Hoffman, escritora
Coleman Hughes, escritor/Instituto Manhattan
Hussein Ibish, Instituto dos Estados Árabes do Golfo
Michael Ignatieff
Zaid Jilani, jornalista
Bill T. Jones, New York Live Arts
Wendy Kaminer, escritora
Matthew Karp, Universidade de Princeton
Garry Kasparov, Renew Democracy Initiative
Daniel Kehlmann, escritor
Randall Kennedy
Khaled Khalifa, escritor
Parag Khanna, autor
Laura Kipnis, Universidade Northwestern
Frances Kissling, Center for Health, Ethics, Social Policy
Enrique Krauze, historiador
Anthony Kronman, Universidade Yale
Joy Ladin, Universidade Yeshiva
Nicholas Lemann, Universidade Columbia
Mark Lilla, Universidade Columbia
Susie Linfield, Universidade de Nova York
Damon Linker, escritor
Dahlia Lithwick, Slate
Steven Lukes, Universidade de Nova York
John R. MacArthur, editor, escritor
Wynton Marsalis, Jazz at Lincoln Center
Kati Marton, autor
Debra Mashek, erudita
Deirdre McCloskey, Universidade de Illinois em Chicago
John McWhorter, Universidade Columbia

Uday Mehta, Universidade da Cidade de Nova York
Andrew Moravcsik, Universidade de Princeton
Yascha Mounk, Persuasion
Samuel Moyn, Universidade Yale
Meera Nanda, escritora e professora
Cary Nelson, Universidade de Illinois em Urbana-Champaign
Olivia Nuzzi, New York Magazine
Mark Oppenheimer, Universidade Yale
Dael Orlandersmith, escritora/atriz
George Packer
Nell Irvin Painter, Universidade de Princeton (emerita)
Greg Pardlo, Universidade Rutgers – Camden
Orlando Patterson, Universidade Harvard
Steven Pinker, Universidade Harvard
Letty Cottin Pogrebin
Katha Pollitt, escritora
Claire Bond Potter, The New School
Taufiq Rahim
Zia Haider Rahman, escritor
Jennifer Ratner-Rosenhagen, Universidade de Wisconsin
Jonathan Rauch, Brookings Institution/The Atlantic
Neil Roberts, teórico político
Melvin Rogers, Universidade Brown
Kat Rosenfield, escritora
Loretta J. Ross, Smith College
J.K. Rowling
Salman Rushdie, Universidade de Nova York
Karim Sadjadpour, Carnegie Endowment
Daryl Michael Scott, Universidade Howard
Diana Senechal, professora e escritora
Jennifer Senior, colunista
Judith Shulevitz, escritora
Jesse Singal, jornalista
Anne-Marie Slaughter
Andrew Solomon, escritor
Deborah Solomon, crítica e biógrafa
Allison Stanger, Middlebury College
Paul Starr, American Prospect/Universidade de Princeton
Wendell Steavenson, escritora
Gloria Steinem, escritora e ativista
Nadine Strossen, New York Law School
Ronald S. Sullivan Jr., Harvard Law School
Kian Tajbakhsh, Universidade Columbia
Zephyr Teachout, Universidade Fordham
Cynthia Tucker, Universidade do Sul do Alabama
Adaner Usmani, Universidade Harvard
Chloe Valdary
Helen Vendler, Universidade Harvard
Judy B. Walzer
Michael Walzer
Eric K. Washington, historiador
Caroline Weber, historiadora
Randi Weingarten, Federação Americana de Professores
Bari Weiss
Cornel West
Sean Wilentz, Universidade de Princeton
Garry Wills
Thomas Chatterton Williams, escritor
Robert F. Worth, jornalista e autor
Molly Worthen, Universidade da Carolina do Norte em Chapel Hill
Matthew Yglesias
Emily Yoffe, jornalista
Cathy Young, jornalista
Fareed Zakaria

Instituições estão listadas apenas para propósitos de identificação.

Apêndice III

O QUE FOI CANCELADO: BREVE RESUMO DE MINHA VIDA E CONQUISTAS[76]

O professor Alan M. Dershowitz nasceu no Brooklyn, e é considerado um dos "mais ilustres defensores dos direitos individuais" do país, um "tesouro internacional", "o advogado criminal mais conhecido do mundo" e "o principal advogado de último recurso". Ele foi nomeado "o principal advogado do Estado judeu no tribunal da opinião pública", "o advogado de liberdades civis mais peripatético da nação" e o maior "defensor público judeu" da América. Ele é um professor de Direito Felix Frankfurter, Emérito, na Harvard Law School. Dershowitz, formado pelo Brooklyn College e pela Yale Law School, ingressou no corpo docente da Harvard Law School aos 25 anos, tornando-se professor titular aos 28 - o mais jovem na história da escola - e tornou-se professor emérito, depois de cinquenta anos de ensino e 10.000 alunos. Aos 81 anos, ele foi o advogado mais velho a argumentar perante o Senado em um caso de *impeachment* presidencial, tendo apresentado os argumentos constitucionais contra a destituição do presidente Trump.

Dershowitz foi chamado de "uma das mentes jurídicas mais afiadas de todos os tempos", "um advogado magistral" e o advogado de apelação criminal "mais vencedor" da história moderna. Defendeu centenas de apelações em

---

[76] Para um relato mais completo, ver: DERSHOWITZ, Alan M. Taking the Stand: My Life in the Law. Nova York: Crown Publishing Group, 2019.

tribunais em todo o país e em todo o mundo. Ele esteve envolvido em muitos dos casos jurídicos e constitucionais mais significativos da última metade do século passado, incluindo o caso dos Documentos do Pentágono, o *impeachment* dos presidentes Clinton e Trump, *Bush vs. Gore*, e os casos de Julian Assange, O. J. Simpson, Natan Sharansky, Nelson Mandela, Mike Tyson, Patricia Hearst, Michael Milken, Jeffrey Epstein, Mark Rich e Leona Helmsley. Ele ganhou a grande maioria de seus casos de homicídio e pena capital (aproximadamente 23 em 27), e nunca perdeu um cliente à pena de morte. Ele continua a consultar ativamente em casos de liberdade civil e criminal, tanto transnacionais como domésticos. Ele dedica metade de sua prática a casos e causas *pro bono*.

Dershowitz também publicou mais de 1.000 artigos em revistas, jornais, periódicos e blogs. Isso inclui o *The New York Times*, para o qual ele escreveu numerosos editoriais, resenhas de livros e artigos para o *News of the Week in Review*, bem como para as seções de revistas e entretenimento. Ele também escreveu para o *Wall Street Journal*, o *Washington Post*, o *Boston Globe*, o *Los Angeles Times*, o *Daily News*, o *Boston Herald*, o *Harvard Law Review*, o *Yale Law Journal*, o *Huffington Post*, *Gatestone*, *Newsmax*, o *Jerusalem Post*, *Ha'aretz* e *Algemeiner*, bem como para publicações na Alemanha, África do Sul, Austrália, Israel, Canadá, Itália e outros países. O professor Dershowitz é autor de mais de quarenta obras de não ficção e três romances com audiência mundial, incluindo o *best-seller* número um do *New York Times*, *Chutzpah* [Ousadia], e seis outros *best-sellers* nacionais. Sua autobiografia, *Taking the Stand: My Life in the Law* [Tomando uma Posição: Minha Vida na Lei], foi publicada em 2013. *Defending Israel: The Story of My Relationship with my Most Challenging Client* [Defendendo Israel: a História de meu Relacionamento com meu Cliente Mais Desafiador] foi publicada em 2019. Seus livros recentes são *The Case Against Impeaching Trump* [O Caso Contra o Impeachment de Trump], 2019; *Guilt by Accusation: The Challenge of Proving Innocence in the Age of #MeToo* [Culpa por Acusação: o Desafio de Provar a Inocência na Era do #MeToo], 2019; *The Case for Liberalism in an Age of Extremism: or, Why I Left the Left But Can't Join the Right* [O Caso do Liberalismo em uma Era de Extremismo: ou, Por Que Deixei a Esquerda, Mas Não Consigo me Juntar à Direita], publicado em 2020; *Defending the Constitution* [Defendendo a Constituição], publicado em 2020; e *Cancel Culture* [Cultura do Cancelamento], publicado em 2020.

Sua escrita foi elogiada por Truman Capote, Saul Bellow, William Styron, David Mamet, Aharon Appelfeld, A.B. Yehoshua, Elie Wiesel, Richard

North Patterson, Steven Pinker e Henry Louis Gates, Jr. Mais de um milhão de seus livros - traduzidos em vários idiomas - foram vendidos em todo o mundo.

Além de seus numerosos artigos de revisão jurídica e livros sobre direito penal e constitucional, ele escreveu, ensinou e deu palestras sobre história, filosofia, psicologia, literatura, matemática, teologia, música, esportes - e até mesmo *delicatessens* (ele foi contratado pelo *The New York Times* para escrever um artigo, comparando todas as *delicatessens* de Nova York e selecionando o melhor *pastrami*; ele escolheu o da Katz's).

Ele recebeu vários títulos honorários de doutor e prêmios acadêmicos, incluindo uma bolsa Guggenheim por seu trabalho sobre direitos humanos, uma bolsa no Centro para o Estudo Avançado de Ciências do Comportamento e vários Dean's Awards por seus livros.

Dershowitz deu palestras em locais em todo o mundo, incluindo o Kremlin, o Knesset [Parlamento Israelense], a Assembleia Nacional Francesa, a Câmara dos Lordes, a Sydney Opera House, o Carnegie Hall, o Lincoln Center, o Boston Garden e Madison Square Garden, bem como em muitas das grandes universidades do mundo.

Em 1983, a Liga Antidifamação do B'nai B'rith concedeu-lhe o Prêmio William O. Douglas da Primeira Emenda, por sua "liderança eloquente e compassiva, e defesa persistente, na luta pelos direitos civis e humanos". Ao apresentar o prêmio, Elie Weisel, ganhador do Prêmio Nobel, disse: "Se tivesse havido algumas pessoas como Alan Dershowitz durante as décadas de 1930 e 1940, a história dos judeus europeus poderia ter sido diferente".

Ele foi o tema de dois cartuns do *The New Yorker*, um jogo de palavras cruzadas do *The New York Times* e uma pergunta do Trivial Pursuit. Um sanduíche no Fenway Park foi batizado em sua homenagem - pastrami, é claro.

Ele é casado com Carolyn Cohen, uma psicóloga Ph.D. Tem três filhos, um produtor de cinema, um advogado da Associação Nacional de Basquete Feminino e um ator profissional. Ele também tem dois netos, ambos estudando para se tornarem médicos.

Dershowitz, um democrata de longa data, sempre colocou a Constituição acima do partidarismo e os princípios acima da popularidade.

agradecimentos

Agradecimentos

Eu não poderia ter escrito este livro sem a ajuda de Maura Kelley, Aaron Voloj, Tonya Letterman, Oren Eades e Tony Lyons. Eu não poderia escrever nenhum de meus livros sem o apoio e amor de minha família e amigos, especialmente minha esposa, Carolyn, meus filhos e meus netos. Obrigado também a Alan Rothfeld, Alan Zwiebel, e outros, que ofereceram sugestões e críticas.

Acompanhe o Ludovico nas redes sociais
🌐 https://www.clubeludovico.com.br/
📷 https://www.instagram.com/clubeludovico/
f https://www.facebook.com/clubeludovico/

Esta edição foi preparada pela LVM Editora e pela Spress,
com tipografia Baskerville e Abril Fatface, em dezembro de 2021;
e impressa, em dezembro de 2021, pela Lis Gráfica
para o Clube do Livro Ludovico.